그리스·로마 신화 4
인간의 다섯 시대 프로메테우스 대홍수

메네라오스 스테파니데스 글 · 야니스 스테파니데스 그림

25년 동안의 신화 연구 끝에 완성한 이 작품은 1989년 세계에서 가장 오래되고 권위 있는 어린이 문학상 피에르 파올로 베르제리오상을 수상했습니다.

정재승 추천

KAIST에서 물리학을 전공하고 예일대학교 의대 정신과 연구원, 컬럼비아대학교 의대 정신과 조교수를 거쳐 현재 KAIST 바이오및뇌공학과 교수와 융합인재학부장으로 연구하고 있습니다. 의사결정 신경과학을 통해 정신질환을 탐구하고 사람을 닮은 인공지능을 개발합니다. 《과학 콘서트》《물리학자는 영화에서 과학을 본다》《인류탐험보고서》《인간탐구보고서》 등을 기획하거나 썼습니다. 책 읽기를 즐기며, 과학적 상상력과 신화적 상상력을 연결하고 싶어 합니다.

그리스·로마 신화 4
인간의 다섯 시대 프로메테우스 대홍수

메네라오스 스테파니데스 글 | 야니스 스테파니데스 그림 | 정재승 추천

1판 1쇄 발행 2022년 4월 15일 | 1판 7쇄 발행 2024년 12월 15일
펴낸이 정중모 | 펴낸곳 파랑새 | 등록 1988년 1월 21일(제406-2000-000202호)
주간 서경진 | 편집 정혜연 | 디자인 권순영
마케팅 홍보 김선규, 고다희 | 디지털콘텐츠 구지영
제작 윤준수 | 회계 홍수진
주소 경기도 파주시 회동길 152 | 전화 031-955-0700 | 팩스 031-955-0661
홈페이지 www.yolimwon.com | 전자우편 bbchild@yolimwon.com
ISBN 978-89-6155-972-0 74800, 978-89-6155-964-5(세트)

Greek Mythology
Text copyright © Menelaos Stephanides Illustrations copyright © Yannis Stephanides All rights reserved. Korean translation copyright © 2022 by BluebBird Publishing Co. Korean translation copyright arranged with Sigma Publications F.& D. Stephanides O.E. through Shinwon Agency Co., Seoul.

이 책의 한국어판 저작권은 Shinwon Agency를 통한 독점 계약으로 파랑새에 있습니다.
저작권법에 의해 한국 내에서 보호를 받는 저작물이므로 무단 전재와 무단 복제를 금합니다.

어린이제품안전특별법에 의한 제품 표시
제조자명 파랑새 | 제조년월 2024년 12월 | 제조국 대한민국 | 사용연령 12세 이상

그리스·로마 신화 4

인간의 다섯 시대 프로메테우스 대홍수

메네라오스 스테파니데스 글
야니스 스테파니데스 그림

파랑새

그리스·로마 신화는
호기심을 해결하기 위해
세상으로 떠나는 모든 탐험가들을 위한
흥미로운 안내서이다.

|추천사|

뇌과학으로 신화 읽기: 호기심

　인공지능(A.I._Artificial Intelligence)과 인간의 가장 큰 차이점은 무엇일까? 그동안 텔레비전, 영화 혹은 책에서 만난 로봇들을 머릿속으로 떠올려 보라. 인공지능 로봇이 당신 앞으로 다가온다면 어떤 행동을 할까? "무엇을 도와드릴까요?"라고 말하면서 뭔가를 물어봐 주길 기대하거나 가슴에 있는 패드에 텍스트를 입력해 주길 기다릴 것이다. 인간이 만든 모든 인공지능은 자극을 주면 복잡한 계산을 한 뒤에 결괏값을 내놓도록 설계되어 있다.

 그렇다면 인간은 어떨까? 고양이나 개는? 로봇처럼 뭔가를 입력해 주길 기다리는 동물을 본 적 있는가? 아닐 것이다. 대부분의 동물은 가만있지 못하고 킁킁거리면서 잠시도 쉬지 않고 주변을 돌아다닌다. '이건 뭐지? 여기는 어디지? 저기로 가면 뭐가 나오지?' 하면서 말이다. 고등한 동물일수록 스스로 질문하고 그에 대해 답을 하도록 디자인되어 있다.

 인간은 스스로 세상에 대해 질문을 던지고 그 답을 찾아 탐색하면서 학습하고, 그 과정에서 세상에 대해 더 많은 걸 알게 된

다. 궁금했던 질문에 답을 찾으면 그 자체로 기쁨이 된다. 이때 우리 뇌에선 도파민이 폭발적으로 분비된다. 그래서 공부는 재미있다. 내가 궁금했던 질문에 스스로 답을 찾는 과정이었다면 말이다. 이렇게 호기심을 스스로 해결하게 되면, 그 지식은 우리 뇌에 더 오래 기억된다.

 그리스·로마 신화 4권에서는 '호기심'이라는 개념을 열쇳말로 주목하길 바란다. 호기심으로 가득 찬 인간 세상에, 어떻게 '판도라의 상자'가 열리게 되었는지를 생생하게 보여준다. 그것이 어떻게 인간으로 하여금 과학기술을 발전시키게 하고, 금과 은과 철 등을 마음대로 다루도록 했으며, 자연과 생태계를 뜻대로 다스리게 만들고, 지금과 같은 문명을 만들게 했는지……, 신들의 이야기를 빌려 소개한다. 이 모든 것이 인간의 '호기심'에서 비롯된 일이다.

여러분 모두가 호기심을 잃지 않기를 바란다. 나아가 그저 호기심에 머물지 말고 직접 해답을 찾아 세상을 안전하게 탐험하기를. 그리스·로마 신화는 호기심을 해결하기 위해 세상으로 떠나는 모든 탐험가들을 위한 흥미로운 안내서이다.

정재승 (뇌과학자, 『과학콘서트』『열두발자국』 저자)

| 차례 |

추천의 글 6

인간의 다섯 시대 13

인류의 보호자 프로메테우스 27

대홍수 53

인류를 위해 고통받은 프로메테우스 89

인간의 다섯 시대

황금시대

아주 오랜 옛날, 그리스 문명이 처음 시작되던 시대에 살았던 우리의 먼 조상들은 영원한 생명의 신들이 인간을 한 번이 아니라 다섯 번 창조했다고 믿었다.

그들은 가장 먼저 태어난 인간을 매우 행복한, 신과 비슷한 종족이었을 거라고 믿었다.

그래서 그들을 '황금 세대'라고 불렀다.

그들이 살았던 시대 역시 '황금시대'라고 불렸는데, 그 시대에 살았던 사람들의 삶은 끊임없는 기쁨으로 가득 차 있었다.

　그들은 서로 사이좋게 잘 어울려 살았다. 걱정이나 슬픔이라곤 전혀 찾아볼 수가 없었으며, 전쟁이나 자연재해로 다치는 일도 없었다.

　그들은 힘들고 병들고 고통스러운 게 무엇인지 몰랐다. 나이가 들어도 늙지 않았으며 마지막 순간까지 젊고 강했다.

　그들은 행복하게 오래오래 살았고, 마침내 죽음이 찾아올 때에도 달콤한 잠에 빠지는 것처럼 편안하게 눈을 감았다.

　그때 이 세상은 말 그대로 낙원이어서 나뭇가지마다 맛있는 열매들이 넘쳐흘렀다.

　사람들은 죽는 날까지 언제든 먹고 싶으면 얼마든지 마음껏 먹을 수 있었다.

　그들이 기르는 조용한 양 떼는 푸른 초원에서 평화롭게 풀을 뜯었다.

　황금시대에 산 사람들은 아무것도 모자란 게 없었으며, 배고픔이나 가난 따위는 알지도 못했다.

은 시대

하지만 그들도 마침내 모두 죽어야 했다.

당시 세상을 다스리던 거대한 신의 무리인 티탄족 크로노스가 저지른 무시무시한 죄 때문에 제우스가 사람들을 모조리 죽인 것이었다.

하지만 그들은 죽어서도 사라지지 않는 영혼이 되었다. 보이지 않게 세상 위를 떠다니면서 죄를 벌하고, 착한 일에 보답을 해 주고, 정의를 지키는 영혼이었다.

그것은 새롭게 세상을 다스리게 된 제우스가 그들에게 내린 보상이었다.

황금 세대의 뒤를 이어 은 세대가 이 땅 위에 나타났다.

그런데 새로 나타난 이 사람들은 황금시대 사람들과는 너무나도 달랐다.

그들은 어찌나 약하고 바보 같은지 남을 도와주기는커녕 자기 일도 혼자서 해 나갈 수 없었다.

그들이 처음 태어난 뒤 100년 동안은 부족한 것투성이였는데 어머니가 보살펴 주지 않으면 아무것도 할 수 없는 어린아이처럼 나약했다.

마침내 그들은 커서 어른이 되었지만 어른으로서 살아갈 시간이 너무나 짧았다.

그래서 그들은 선과 악을 구분할 수 없었고 무엇이 도움이 되는지, 무엇이 해가 되는지조차 구분하지 못했다.

그들은 고통과 슬픔으로 가득 찬 삶을 살아야 했다.

일에 대한 의욕도, 서로 사랑하겠다는 마음도 없었다. 힘으로 서로가 가진 것을 빼앗으며 살았고, 그것은 가끔 피비린내 나는 싸움으로 번져 서로를 죽이는 일로 끝나기도 했다.

그들은 신에게 복종하지 않았고 신전에 제물을 바치는 법도 결코 없었다.

제우스는 그들의 죄 많은 행동과 신을 섬기지 않는 태도에 대단히 분노했다.

그래서 제우스는 그들을 기쁨이라고는 없는, 하데스가 다스리는 저승의 검은 구렁텅이 속으로 보내 버렸다.

이 벌로 은 시대도 끝이 났다.

청동 시대

그러고 나서 크로노스의 아들인 제우스는 세 번째 세대, 다시 말해 청동 시대의 인간을 창조했다.

청동 시대의 인간은 그들의 위대한 왕들 가운데 하나의 이름을 따서 '펠라스고스의 아들'이라고 불리기도 했다.

청동 시대에 살았던 사람들은 체격이 대단히 컸으며, 싸움에 지지 않을 만큼 강한 힘을 갖고 있었다.

그들은 무서운 모습을 하고 있었고 두려움을 모르는 전사들이었다.

또한 청동 옷을 입었고 언제든 싸울 준비가 되어 있

었다.

  그들이 사용하는 무기는 청동을 날카롭게 다듬어서 만들었고, 번쩍이는 갑옷 역시 청동을 두들겨 만들었다.

  그들이 사용하는 도구 또한 청동으로 만들었고 심지어 사는 집까지도 청동으로 만들었다.

  그때까지 사람들은 철을 사용할 줄 몰랐다.

  그들은 땅을 일구지 않았고, 사냥을 하고 야생 열매를 따 먹었다. 그리고 늘 전쟁을 치르며 살았다.

  그들의 거대한 몸집과 패배를 모를 만큼 강한 힘은 스스로 만들어 낸 게 아니라 신이 선사한 것이었다.

그런데도 그들은 마지막에 가서는 매우 건방져졌고, 어리석은 자만심으로 가득 차게 되었다.

그들은 거칠고 무례해졌으며, 마음이 돌처럼 단단해졌다.

영웅시대

하지만 그들이 아무리 무섭고 강했다 해도 자신들의 운명에서 벗어나지는 못했다.

그들의 무례함에 격분한 제우스는 그들을 그늘진 암흑의 왕국으로 보내 버렸다.

그리하여 그들 또한 더 이상 태양의 밝은 빛을 받지 못하고 사라지게 되었다.

이제 헤라클레스, 테세우스, 이아손, 아킬레우스와 그리스 신화에 나오는 대담한 영웅 군단에 의해 그 이름이 영광스러워진 네 번째 세대가 나타나게 되었다.

네 번째 세대가 나타나 '영웅시대'라는 이름을 갖게 되었는데, 그 이름은 바로 영웅들의 용감한 행동이 하나 둘 쌓여서 생겨난 것이었다.

영웅시대 사람들은 청동 시대 사람들보다 고상하고 정의로워서 신들처럼 훌륭했다.

신들도 가끔씩 올림포스에서 내려와 그들 사이를 다니

면서 기쁨과 슬픔을 함께 나누었다.

많은 왕과 귀족의 창시자들은 실제로 신의 자손들이었다. 그래서 올림포스 신들은 사람들과 함께했으며 그들을

보호했다.

이 기간 동안 위대하고 힘센 도시들이 생겨나 번영을 누렸다. 그들 가운데 가장 유명한 도시는 빛나는 미케네였다.

이제 우리는 마침내 미케네 문명의 위대하고 영광스러운 시대에 다다랐다.

하지만 영원한 것은 아무것도 없다. 영웅들의 세대조차 저물어 가는 때가 온 것이다.

오이디푸스 왕의 재물을 차지하기 위해 전쟁을 치른 테베의 일곱 문에서 수많은 전사가 쓰러졌다.

트로이의 성벽 앞에서 벌어진 10년 동안의 전투에서는 더 많은 전사들이 죽었다.

그 전사들은 제우스의 딸인 아름다운 헬레네를 위해 그리스의 모든 도시에서 배를 타고 모여든 사람들이었다.

그들이 모두 죽자 티린스, 크노스스, 필로스, 아이올크스 등 많은 아름다운 도시들과 함께 미케네도 무너졌다.

그러자 위대한 제우스는 그들을 다시 살려 내 사람의 눈에 띄지 않는 운명의 섬에서 살게 했다.

운명의 섬은 바다의 끝보다 더 멀리, 세상에서 가장 먼 곳에 있었다.

그곳에서 영웅 세대는 고통과 괴로움이 없는 삶을 살았다. 그들은 일 년에 세 번 땅에서 곡식을 거두었고, 열매들은 꿀처럼 달콤했다.

철의 시대

영웅들이 사라지면서 신화의 시대도 끝에 다다랐다.

제우스가 이 세상에 데려온 다섯 번째 세대는 풍족한 지구에서 지금도 살고 있는, 철을 사용하는 노동자들이었다.

다섯 번째 세대의 삶은 고달팠다.

그들은 살기 위해 열심히 일해야만 했으며, 늘 사고와 문제투성이 속에서 힘겹게 살아갔다.

신들조차 그들을 사랑하지 않는 것 같았다. 신들은 올림포스로 물러나 인간의 머리 위로 재앙을 퍼붓고, 인간에 대한 쓰디쓴 실망을 드러냈다.

물론 신들은 얼마간의 기쁨을 나누어 주기도 했지만 악

은 언제나 선을 짓눌렀으며 사람들의 삶을 뒤덮었다.

다섯 번째 세대 사람들은 바로 앞 시대인 영웅시대의 기억을 간직하고 살았다.

신화의 시대는 그들의 후손들에게 풍부한 문화유산을 남겼다. 시인과 이야기꾼과 악기에 맞추어 노래를 부르는 음유 시인들은 도시에서 도시로, 마을에서 마을로 떠돌아다녔다.

그리고 축제나 장터, 결혼식에서 사라진 영웅들의 위대한 업적을 읊고 다녔다.

이들 가운데 하나가 모든 시대를 통틀어 가장 위대한 시인으로 꼽히는 눈먼 음유 시인인 호메로스였다.

뒷날 소포클레스, 에우리페데스, 아이스킬로스가 만든 불멸의 비극들이 그리스의 모든 도시에서 공연되었다.

그들의 주제는 언제나 잊을 수 없는 네 번째 세대, 신화적인 영웅들에게서 빌려 온 것이었다.

  이 기억들은 세기를 뛰어넘어 우리에게 전해져 왔고 오늘날까지도 새롭기만 하다.

  우리가 결코 잊어서는 안 될 점이 하나 있다.

  그것은 무엇보다도 그리스 신화가 네 번째 세대의 공적을 다루고 있다는 점이다. 그것이 사라진다면 신화는 끝이 날 것이다.

  그러나 너무도 잘 알려진 그 시대를 이야기하기 전에 우리는 먼저, 이 세상에서 청동 세대가 어떻게 사라졌으며 영웅 세대가 어떻게 세상에 나타나게 되었는지를 알기 위해 앞선 시대를 돌아봐야 할 것이다.

인류의 보호자 프로메테우스

불, 신들의 선물

앞서 나온 이야기에서 전능한 제우스가 청동 시대 사람들이 거만하고 자만에 빠진 것을 보고 그들을 사랑하지 않게 되었다고 했다.

바로 그런 이유로 제우스는 그들을 암흑의 왕국으로 내던져 버리고 만 것이다.

하지만 그것은 제우스가 갑작스럽게 내린 결정이 아니었다. 그가 그런 행동을 하기 전에 이미 많은 일들이 일어났다.

이야기를 처음으로 돌려 보자면, 청동 시대 사람들이 언제나 나빴던 것은 아니었다. 오히려 처음에 그들은 착한 사람들이었으며 신을 우러러보고 받들었다.

청동 시대 초기의 생활은 몹시 힘이 들었다.

사람들은 아직 불을 만드는 법을 배우지 못해서 숲속의 거친 쉼터나 동굴이나 나무 구멍 속에서 살았다.

이아페토스의 아들인 프로메테우스가 아니었다면 그들은 계속 그렇게 살아야 했을 것이다.

어떤 신도 프로메테우스만큼 인간을 사랑하지는 않았다.

프로메테우스는 언젠가는 죽을 운명인 사람들의 편에 서서, 그들이 더 나은 삶을 이룰 수 있도록 돕는다는 위대하고 고귀한 목표에 자신의 삶을 바쳤다.

프로메테우스는 자신이 사람들에게 베풀어 준 크나큰 사랑 때문에 얼마나 혹독한 대가를 치러야 하는지를 미리 알고 있으면서도 앞날을 걱정하지 않았다.

그가 늘 말했듯이 희생 없이는 어떠한 아름답고 좋은 것도 얻을 수 없기 때문이다.

여러 가지 기술을 배우게 된 인간

프로메테우스의 가장 훌륭한 업적은 무엇보다도 사람들에게 불을 가져다준 것이다.

그는 헤파이스토스의 대장간에서 불을 가지고 나와, 어둠을 몰아내는 타오르는 횃불처럼 그 불을 높이 쳐들고 친구인 인간에게로 달려갔다.

사람들은 불을 보자마자 기쁨에 겨워 외쳤다.

"신들의 선물이다!"

프로메테우스가 준 불을 가지고 사람들은 어느 곳에서나 빛과 열을 만들어 낼 수 있었다.

그래서 그들은 음식을 굽고 신에게 제물을 바칠 수 있었다.

다음으로 프로메테우스는 불을 사용해서 일하는 법을 알려 주었다. 사람들은 곧 처음으로 용광로를 만들어 광석을 녹이기 시작했다.

그들은 청동과 은과 금을 어떻게 다루는지도 배웠다.

그리하여 청동으로 도구와 집에서 쓰는 기구, 무기 등 자신들이 필요한 것을 모두 만들었다.

그들은 청동을 매우 좋아해서 그것으로 갑옷을 만들어 입었다.

그래서 그때부터 그들은 청동 세대로 알려지게 되었다.

그러나 프로메테우스의 도움은 여기에서 그치지 않았다.

그는 사람들에게 야생 짐승을 길들이는 법을 가르쳐 주었다.

사람들이 처음으로 말을 타고, 처음으로 전차를 몰고, 처음으로 배를 타고 바다를 건널 수 있었던 것은 모두 프로메테우스의 덕분이었다.

프로메테우스는 질병에 맞서 싸우는 법도 가르쳐 주었다. 사람들이 약초를 불에 끓여 약을 만들게 된 것도 그에게서 배운 일이었다.

이제 죽음이 더 이상 예전처럼 사람들을 위협하지는 못하게 되었다.

프로메테우스는 사람들에게 신의 말씀을 해석하는 방법, 불행한 운명을 피하는 방법 그리고 어려움을 이겨 내는 방법도 가르쳐 주었다.

프로메테우스의 도움으로 살아가는 방식을 알게 된 사람들에게는 새로운 지평이 열렸다.

불이라는 선물은 사람들의 마음을 밝고 따뜻하게 해 주었으며, 몸에 새로운 활력과 강인함이 가득 차게 해 주었다.

프로메테우스는 인류의 은인이자 구원자였다.

프로메테우스, 제우스와 싸우다

이제 인간과 신의 차이는 단 한 가지뿐이었다. 신은 영원히 사는 반면에 인간은 언젠가 죽는다는 것이었다.

하지만 제우스가 허락한 가운데 인간이 이렇게 발전하게 된 것은 아니었다.

알다시피 청동 시대 사람들은 대단한 힘을 지니고 있었다.

게다가 불을 사용할 수 있게 되자 그들은 전보다 몇 배나 더 강해졌다.

신과 인간의 지배자인 제우스는 이제 강인해진 사람들이 두려워지기 시작했다.

제우스는 불안한 마음을 감추지 못하고 투덜거렸다.

"이건 모두 프로메테우스의 잘못이야. 인간에게 불을 가져다주어서 그들이 신처럼 살 수 있게 도와준 게 바로 프로메테우스란 말이야!"

제우스는 가만있지 않았다.

마침내 그는 사람들에게 끊임없이 불행을 주었다. 그리고 이아페토스의 아들인 프로메테우스가 사람들에게 준 힘을 빼앗으려고 했다.

하지만 프로메테우스는 대담하게도 제우스의 그런 시도에 대들었다.

"나는 사람들이 고통과 슬픔에 빠지는 것을 볼 수가 없습니다."

프로메테우스는 이렇게 말하면서 제우스가 눈치채지 못하게 사람들을 계속 도와주고, 새로운 즐거움들을 누리게 해 주었다.

세상의 주인인 제우스는 프로메테우스가 한 일을 알고 화가 나서 미쳐 버릴 지경이 되었다.

제우스는 주먹을 흔들며 프로메테우스를 위협했다.

"이아페토스의 아들아, 조심해라. 다시 한번 나를 거역한다면 너는 태어난 것을 후회하게 될 것이다."

프로메테우스도 제우스의 위협에 지지 않고 자신의 생각을 이야기했다.

"크로노스의 아들이여, 이 점을 명심하시오. 협박이나 고문으로 나를 복종시킬 수는 없을 거요. 당신은 우리가 함께 싸웠던 전쟁을 잊고, 지금 나를 위협해서 복종시키려 하고 있소. 당신은 우리가 티탄족으로부터 신과 인간을 구하기 위해 싸웠던 그 전쟁이 기억나지 않는단 말이오?

나쁜 짓을 하는데 처벌하지 말란 말이 아니오. 그들이 힘이 세져서 모든 도시와 사람들을 다 지배하려고 드는 거라면 당연히 처벌해야 할 것이오.

하지만 그들은 오직 스스로를 발전시키기 위해 노력할 뿐이오. 그런 사람들에게 당신은 왜 고통을 주려고 하는 거요?"

시키온의 모임

서로 티격태격하는 날이 많아지면서 제우스와 프로메테우스의 사이는 갈수록 나빠졌다.

그러다 마침내 시키온에서 일이 벌어졌다.

그곳에 신과 인간이 함께 모여 동물의 어느 부분을 신에게 바치고, 어느 부분을 인간이 가질 것인지를 결정하게 되었다.

그 의식을 위해 커다란 황소 한 마리가 준비되었다.

프로메테우스는 황소를 두 부분으로 나누는 일을 맡게 되었다.

제우스는 두 부분 가운데 어느 부분을 신이 갖고, 어느 부분을 인간이 가질지 결정하기로 되어 있었다. 당연히 제우스는 어리석은 인간에게 더 좋은 부분을 줄 생각이 전혀 없었다.

사실 신들에게 제물로 바쳐진 고기는 필요가 없었다. 그들은 암브로시아(신들이 먹는, 불로장생할 수 있다는 음식)를 먹고 넥타르(신들이 마시는 음료)를 마시기 때문이었다.

그것은 인간이 상상도 하지 못할 만큼 맛있었다.

신들을 기쁘게 하는 것은 제단 위에 놓인 불에서 피어오르는 향기로운 냄새이지 고기 그 자체가 아니었다.

그러나 제우스는 인간에게 좋은 것을 주고 싶지 않았기 때문에 이미 마음속으로 결심을 굳히고 있었다.

고기의 좋은 부분은 몽땅 신들에게 바치게 하고, 껍질과 창자와 뼈만 인간이 가지도록 할 작정이었다.

프로메테우스는 그런 제우스의 생각을 알아채고 자신이 어떻게 해야 할지를 결정했다.

그는 신과 인간의 통치자인 제우스를 속이기로 한 것이다.

프로메테우스, 제우스를 속이다

프로메테우스는 먼저 황소의 고기를 잘라서 좋은 부분

을 모두 커다란 접시에 쌓았다.

그리고 그 위에 소의 피 묻은 껍질을 덮어 씌웠다.

그런 다음 다른 접시에 뼈를 쌓아 놓고, 기름기가 잘잘 흐르는 하얀 비계를 조심스럽게 그 위에 올려놓아 뼈가 한 조각도 보이지 않게 했다.

일을 마치자 프로메테우스는 두 접시를 가지고 판정을 하기 위해 기다리고 있는 제우스 앞으로 갔다.

제우스의 오른쪽에는 올림포스 신들이, 왼쪽에는 사람들이 서서 제우스가 과연 어느 쪽을 선택하는지를 궁금해하며 조용히 지켜보았다.

신과 인간의 통치자인 제우스는 피 묻은 껍질이 덮인 접시를 보자 역겨운 표정으로 눈을 돌렸다.

그런 뒤 두 번째 접시를 보자 반짝이는 하얀 비계가 가득 덮여 있었다.

비계 밑에 좋은 고기가 들어 있을 거라는 생각이 들자 제우스의 입에 군침이 고였다.

제우스는 프로메테우스를 돌아보며 자신 있게 말했다.

"이아페토스의 아들아, 아마도 넌 신 가운데에서도 가

장 똑똑할 텐데 이번에는 참으로 공평하지 못하게 고기를 나누었구나. 한쪽만 너무 좋으니, 내가 둘 가운데 하나를 고르는 일이 참으로 쉽구나. 어느 쪽을 신들의 몫으로 할 것인지 고민할 것도 없겠구나."

프로메테우스는 제우스가 자신이 원하는 대로 결정을 내리도록 하기 위해 이렇게 말했다.

"전능하신 제우스여, 뜻대로 고르십시오. 당신이 내린 결정은 신과 인간에게 똑같이 적용될 것입니다."

제우스, 인간에게서 불을 도로 빼앗다

제우스는 프로메테우스의 말이 끝나자마자 윤기 나는 하얀 비계가 담긴 접시를 가리키며 단호한 목소리로 말했다.

"이제부터 이 부분은 신의 것이다. 그리고 저것은……."

제우스는 다른 접시로는 눈길도 주지 않은 채 손가락으로 가리키기만 하면서 말했다.

"저건 인간의 것이야. 이것이 내 결정이다. 이제 이 결정

은 무엇으로도 절대 바꿀 수 없어!"

그런데 그 말이 끝나기도 전에 제우스의 얼굴이 순식간에 어두워졌다.

갑자기 어떤 의심이 마음을 스친 것이다. 제우스는 자신이 선택한 접시를 앞으로 당겨 위에 덮인 비계를 들추었다.

제우스는 비계 속에 감추어진 뼈들을 보자마자 자신이 속은 것을 알고 분노가 폭발했다.

생각조차 못한 일이었다! 세상의 주인이 어떻게 이렇게 어리석을 수 있단 말인가?

이제 인간은 제물의 고기를 먹을 것이고 신에게는 뼈만 바쳐질 것이다! 제우스 자신이 선택한 일이었다.

얼마나 창피한 일인가!

하지만 이미 결정은 났고, 제우스 자신이라 할지라도 그것을 바꿀 권한이 없었다.

그러나 제우스가 할 수 있는 일이 있었다. 그것은 프로메테우스가 인간에게 건네준 신들의 선물을 빼앗는 것이었다.

제우스는 사람들이 쓰고 있는 불을 돌려받아 그들이 누리던 따뜻함과 빛을 빼앗았다.

프로메테우스, 올림포스에서 불을 훔치다

"이제 사람들이 굽지 않은 날고기를 좋아하는지 어떤지 알게 되겠군. 사람들은 결국 자기들의 교활한 친구인 프

로메테우스가 한 일이 결코 좋은 행동이라고는 생각하지 않겠지."

제우스는 혼자 이렇게 중얼거렸다.

제우스는 사람들에게 선물로 준 불을 도로 가져와 올림포스 산 꼭대기에 감추어 놓았다. 그리고 프로메테우스에게 다음과 같이 경고했다.

"이아페토스의 아들아, 나의 분노를 조심해라. 내가 누군가에게 벌을 줄 때 얼마나 가혹한지는 너도 잘 알고 있을 테니."

그러나 프로메테우스는 그런 경고에 굴복할 이가 아니었다.

그 어떤 힘도 그가 인간을 돕고자 하는 마음을 막을 수는 없었다.

바로 다음 날, 프로메테우스는 올림포스에서 몰래 불을 훔쳐 속이 빈 갈대 속에 숨겨 가지고, 다시 한번 사람들에게 전해 주었다.

  그래서 사람들은 그날부터 지금까지 제물로 바칠 짐승의 고기는 요리해서 먹고, 신들에게는 향기로운 제단에 오직 하얀 뼈만을 바쳤다.

  이 일로 제우스의 분노는 걷잡을 수가 없었다.

  불을 훔쳐 다시 인간에게 가져다준 프로메테우스에게는 무시무시한 처벌이 기다리고 있었다.

  그러나 제우스는 먼저 사람들에게 벌을 주려고 했다. 그래서 그 계획을 아무도 모르게 준비했다.

  제우스는 신들의 대장장이인 헤파이스토스에게 진흙으로 여자를 만들라고 명령했다.

  제우스는 또한 여자를 여신처럼 아름답게 만들어 목소리와 움직임을 불어넣고, 신과 같이 매혹적인 두 눈을 만들어 넣으라고 시켰다.

  헤파이스토스는 아버지의 명령에 따라 흙과 물을 가져다 훌륭한 솜씨로 여자를 만들기 시작했다.

세상의 주인 제우스는 헤파이스토스가 만들어 낸 작품을 보고 매우 기뻐했다. 그가 원하던 그대로였기 때문이었다.

"나는 이 여자를 인간에게 선물로 줄 생각이다."

제우스가 올림포스의 다른 신들에게 이렇게 말하자 신들은 서둘러 온갖 선물로 그녀를 장식했다.

판도라

아테나 여신은 그녀에게 태양빛보다 더 빛나는 화려한 옷을 입혔다.

세 명의 미의 여신 카리테스는 사랑스럽고 빛나는 보석으로 그녀를 아름답게 꾸몄다.

계절의 여신 호라들은 눈처럼 하얗고 향기로운 꽃으로 관을 만들어 씌워 주었다.

사랑의 여신 아프로디테는 누구든지 푹 빠지게 하는 매력을 불어넣었다.

다른 모든 신들도 그녀의 아름다움과 우아함을 빛나게 하는 선물을 주었다.

　그런 까닭에 이 젊은 여인의 이름은 '판도라'가 되었다. 판도라는 그리스 말로 '모든 선물'이라는 뜻이었다.

　이렇게 많은 매력과 아름다움이 주어졌으니 판도라는 사람들에게 훌륭한 선물이 될 수도 있었다.

　하지만 제우스는 그렇지 않은 면에 신경을 썼다.

　그는 자신의 아들 헤르메스에게 몰래 지시를 내렸다.

　꾀가 넘치는 교활한 신 헤르메스는 아버지의 명령대로 판도라에게 달콤하지만 거짓된 말을 하도록 가르쳤고, 간사하고 배신을 잘 하는 성격을 불어넣었다.

그런 다음 제우스는 헤르메스에게, 사람들과 어울려 살고 있는 프로메테우스의 동생 에피메테우스에게 판도라를 선물로 가져다주라고 명령했다.

불행히도 프로메테우스와 에피메테우스는 거의 닮지 않았다.

에피메테우스는 어리석을 뿐만 아니라 의지도 약했다.

프로메테우스는 동생에게 위험을 피하려면 무슨 일이 있어도 제우스한테 선물을 받아서는 안 된다고 몇 번이나 경고했다.

그러나 에피메테우스는 황홀할 정도로 아름다운 판도라의 모습을 보자마자 형이 한 충고를 까맣게 잊고 팔을 벌려 그녀를 맞이했다.

에피메테우스가 프로메테우스의 경고를 떠올렸을 때는 이미 늦었다. 그때 그는 제우스의 선물인 판도라를 자신의 아내로 맞아들였기 때문이다.

제우스의 선물 판도라

"이제 정말 조심해야겠군."

에피메테우스는 집에 놓아둔 항아리를 생각하며 혼자 중얼거렸다. 그 항아리는 프로메테우스가 조심스럽게 뚜껑을 막아 둔 것이었다.

프로메테우스는 동생에게 항아리를 맡기며 이렇게 말했다.

"에피메테우스, 절대로 항아리가 열리지 않도록 해야

한다. 항아리가 열리는 날이면 그 속에 있던 모든 악이 세상에 퍼지게 될 것이다."

그래서 그 뒤로 에피메테우스는 항아리를 열 생각은커녕 가까이 가지도 않았다.

그런데 판도라가 눈을 반짝이며 그 항아리를 바라보았다. 그 순간 에피메테우스가 얼마나 두려워했을지 상상해 보라.

에피메테우스는 판도라를 말리며 이렇게 말했다.

"판도라, 그 항아리에서 물러서시오. 프로메테우스 형님이 절대로 항아리를 열면 안 된다고 말했소. 엄청난 악이 우리에게 닥치지 않게 하려면 조심해야 하오."

판도라는 에피메테우스를 안심시키려는 듯 물러서며 말했다.

"알았어요. 내가 뭐하러 그걸 열겠어요."

하지만 판도라는 말은 그렇게 하면서도 호기심을 끄는 그 항아리에서 눈을 뗄 수가 없었다.

판도라는 보는 것마다 호기심이 일었지만 그 가운데에서도 아주 조심스럽게 봉해진 항아리가 무척이나 궁금했다.

 더군다나 손을 떼라는 말을 듣는 순간부터 판도라는 걷잡을 수 없는 호기심에 사로잡히고 말았다.

 '저 항아리 안에 무엇이 들어 있기에 건드리지도 못하게 하는 걸까?'

 판도라는 자신에게 몇 번이고 이런 질문을 퍼부으며 항아리를 열고 싶은 유혹을 견뎌야 했다.

악이 온 세상으로 퍼지다

 그러다 마침내 도저히 참을 수 없는 순간이 왔다.

 판도라는 남편이 집을 떠나 있는 동안 더 이상 참지 못한 채 항아리로 달려가 마개를 열었다.

 항아리를 연 순간 판도라는 두려움에 질려 날카로운 비명을 질렀다. 항아리 밖으로 흉측스러운 괴물들이 우글거리며 쏟아져 나왔기 때문이다.

 항아리 속에서 쏟아져 나온 것은 악과 배고픔과 미움과 질병과 복수와 미치광이들 그리고 그 비슷한 종류의 영혼들이었다.

 판도라는 이 모든 무시무시한 것들이 땅 위에 퍼져 나가는 것을 보고 엄청난 두려움에 사로잡혔다.

 판도라는 어떻게 해야 할지 몰라 허둥거렸다. 그녀는 간신히 용기를 내어 항아리의 마개를 다시 막았다.

 그러자 항아리에는 아직 빠져나가지 못한 단 하나의 영혼만 남게 되었다.

 그것은 희망의 영혼이었다. 결국 제우스가 계획한 대로

희망만 남은 채 모든 것이 빠져나갔다.

그리하여 모든 악의 영혼이 세상에 퍼지게 되었다.

악의 영혼들은 전염병처럼 도시와 마을 여기저기에 머무르고, 기분 나쁜 안개처럼 온 가정에 떠다니며, 인간의 삶에 쓰디쓴 슬픔이 이어지도록 만들었다.

프로메테우스는 크나큰 슬픔에 잠긴 채 이 모든 것을 바라보았다. 그의 마음은 납덩이처럼 무거웠다.

그러나 아직 화가 풀리지 않은 제우스는 인간에게 더 엄청난 재앙을 내리려고 벼르고 있었다.

프로메테우스는 인간을 완전히 파멸시킬 가장 지독한 재난이 퍼부어지는 것을 지켜볼 수밖에 없을 것이었다.

대홍수

카온과 리카이아

 판도라가 항아리를 열어 수많은 악이 풀려나가 세상을 뒤덮게 되자 사람들은 더 악하고 잔인해져서 더 이상 신을 존경하지 않게 되었다.

 마침내 제우스는 인간을 모조리 쓸어 없애 버리기로 결심했다.

 하지만 그러기 위해서는 구실이 필요했는데, 아르카디아의 왕 리카온과 50명의 아들이 그 기회를 만들어 주었다.

이 땅에 악이 넘치기 전에 펠라스고스의 아들 리카온은 착한 사람이었을 뿐만 아니라 훌륭한 왕이었다.

　그리고 그는 그리스의 모든 통치자들 가운데 가장 충실한 제우스의 숭배자였다.

　리카온은 처음으로 그리스에 '리코사우라'라는 도시를 세워 제우스에게 바쳤다.

　그는 제우스를 위해 훌륭한 사원도 세웠다. 그 사원은 신과 인간의 지배자인 제우스를 모든 이들의 왕으로서 숭배하는 순례지였다.

　리카온은 또한 제우스에게 경의를 표하기 위해 '리카이아'라는 운동경기를 시작했다.

　리카이아는 그리스에서 처음으로 열리는 경기였다.

　악이 널리 퍼진 시기에도 그 경기는 제우스를 칭송하고 그의 명예를 위해 열리고 있었다.

　하지만 온 세상의 주인인 제우스는 바로 그곳에서 인간을 멸망시키기 위한 구실을 찾아낸 것이다.

　리카이아는 모든 그리스 사람이 벌이는 경기였다. 2년마다 그리스의 곳곳에서 운동선수들과 방문객들이 리코사우라를 찾았고, 그들은 성대한 환영을 받았다.

친절한 제우스에 대한 경배

리카온조차 자신의 궁전을 방문객에게 내주었다.

친절하게 대접한다는 정신은 그 당시 매우 높게 평가되었다. 그래서 운동경기는 '손님을 환영하는 제우스'라는, 친절한 제우스에게 바쳐지는 축제와 함께 이루어졌다.

그들 모두는 손님을 정성껏 맞이하는 신성한 규칙을 세운 것이 바로 제우스라고 믿었다.

그러나 판도라가 항아리를 열어 악이 세상에 퍼진 그날 이후로, 리코사우라 시민들은 마치 저주라도 받은 것처럼 손님을 맞이하는 법을 잊어버렸다.

이제 아무도 낯선 사람을 친절하게 맞지 않았다.

한때 누구보다 제우스를 명예롭게 여기고 숭배했던 리카온이 제우스에게 가장 무례한 행동을 한 것도 다 그때문이었다.

제우스의 명예를 드높이기 위해 열리는 바로 그 경기 기간에 사건은 일어났다.

전국 곳곳에서 모여든 운동선수들과 방문객들은 리코사우라의 거리로 몰려나왔다.

다음 날 경기가 시작되기 때문이었다.

그러나 아무도 전처럼 그들을 자기 집으로 데려가려고 하지 않았다.

그래서 이방인들은 길 잃은 양처럼 여기저기를 방황했고, 거리와 광장 말고는 잘 곳이 없었다.

리카온, 환대를 거절하다

방문객들 가운데에는 평범한 인간으로 변장을 한 제우스도 있었다.

그는 자신의 이름으로 열리는 경기와 축제를 직접 보고 싶었다.

그러나 제우스는 문마다 빗장이 걸려 있고 누구도 그에게 먹을 것과 쉴 곳을 주려고 하지 않는다는 것을 금방 알 수 있었다.

마지막으로 제우스는 궁전을 찾아가 대접을 받아 보려고 마음먹었다.

큰 키와 위엄 있는 모습의 손님을 본 리카온은 자기 앞에 서 있는 사람이 누구인지 충분히 알 수 있었다.

그런데도 리카온은 그를 접대하는 대신 화를 내며 소리쳤다.

"당신 같은 방문객들이 너무 많다고! 우리 도시를 더럽히지 말고 숲에나 가서 자지 그래?"

무례한 리카온의 말을 듣고 제우스가 말했다.

"숲은 야생 동물을 위해 있는 것이오."

제우스가 말하는 순간 궁전의 계단이 눈부신 빛으로 가득 찼다.

그곳에 있던 모든 사람들은 그 빛을 보고 자신들 앞에 서 있는 이가 바로 제우스라는 것을 알아차렸다.

그래서 그들은 무릎을 꿇고 제우스에게 공손히 절을 했다.

하지만 리카온과 그의 아들들은 그렇게 하지 않았다.

리카온은 제우스에게 무릎을 꿇은 사람들을 보고 화를 내며 소리 질렀다.

"우리 땅에서는 아무도 이방인에게 함부로 절을 하지

않아! 이방인이 아니라 너희들의 왕인 나에게 무릎을 꿇어라!"

리카온, 손님을 모욕하다

그러자 사람들 속에서 한 노인이 앞으로 나와 엄숙한 목소리로 말했다.

"위대한 왕이시여, 우리는 지금 이방인을 숭배하고 절을 하는 게 아닙니다.

지난날에 우리는 언제나 친절한 제우스를 받들었습니다. 그리고 우리의 문으로 들어오는 모든 이방인을 기쁜 마음으로 맞아들였습니다.

하지만 지금은 그들을 몰아내고 있습니다. 그래서 저는 어떤 악이 우리의 도시와 왕에게 닥칠지 두렵습니다. 우리가 이방인으로 오해한 이 사람을 받아들이십시오.

이분은 방금 자신이 하찮은 인간이 아니라 바로 제우스 신이라는 것을 드러냈습니다. 세상의 통치자에 걸맞게 이분에게 영광을 돌리고 성대한 잔치를 준비하십시오."

"됐어, 영감. 그래, 이 이방인을 받아들여 주지. 하지만 나에게 이래라저래라 감히 충고할 생각 따윈 하지 말아. 결정을 내리는 건 나니까."

리카온은 노인의 간청을 퉁명스러운 말로 받아들였다.

 하지만 리카온은 제우스에게 영광을 돌릴 생각이 전혀 없었다. 그의 목적은 제우스에게 모욕을 주려는 것이었다.

 그리고 그가 선택한 방법들이라니!

 리카온은 아들들에게 상상할 수도 없을 만큼 구역질 나는 음식을 만들어 제우스에게 주도록 명령했다.

그래서 그들은 제우스에게 동물과 사람의 고기를 섞어 만든 음식을 대접했다.

제우스의 끔찍한 분노

물론 제우스는 자기 앞에 차려진 음식이 어떤 것인지 바로 알아차렸다.

그는 참을 수 없을 만큼 화가 나서 고함을 질렀다.

"리카온이 나에게 이런 음식을 주다니! 뻔뻔스럽게도 감히 세상을 다스리는 나에게 모욕을 주다니!"

제우스가 어떻게 이런 대접을 더 참아 냈겠는가!

화가 치밀어 제정신이 아닌 그는 식탁을 뒤집어엎고 번개를 내리꽂아 리카온의 궁전을 불태워 버렸다.

제우스는 리카온과 그의 아들들이 바로 자신의 얼굴에 대고 했던 말을 그들에게 도로 퍼부어 주었다.

"이제부터 숲에 가서 살아야 할 놈들은 바로 네 녀석들이다."

제우스가 이 말을 내뱉자마자 그들은 굶주린 야생 짐승들로 변해 버렸다.

그 뒤 그리스에서는 그 짐승을 '리코스'라고 불렀는데 오늘날의 늑대와 같은 동물이다.

그 짐승들은 무시무시한 소리로 울부짖으면서 궁전 뒤에 있는 울창한 숲속으로 달아나 리카이온산까지 도망갔다.

리카이온산은 나중에 이 일이 세상에 전해지면서 붙여진 이름이다.

하지만 제우스의 분노는 이 정도로 가라앉지 않았다.

제우스는 사람들의 행동에 치를 떨며 분노에 가득 찬 목소리로 말했다.

"그래, 이것이 바로 그 유명한 인간이라는 종족이구나! 프로메테우스한테 이놈들을 보이고, 이놈들이 하는 짓에 감탄하라고 해야겠군!

나는 이 땅 위에 단 한 명의 인간도 남겨 두지 않겠다. 그들을 모두 사라지게 할 것이다.

죄지은 자든 죄 없는 자든 똑같이! 영원히 사람들을 파멸시킬 것이다.

인간을 사랑하는 자들은 지금까지 신과 인간이 겪었던 어떤 처벌보다도 훨씬 가혹한 벌을 받을 각오를 해야 할 것이다."

제우스와 비를 머금은 남풍의 신

이것이 제우스가 한 말이었다.

하지만 과연 누가 판도라를 이 세상에 보냈던가?

지금 온 세상을 갉아먹고 있는 악에 대한 책임이 과연

누구에게 있단 말인가?

　인간이 이렇게 형편없는 상태로 된 것에 대해 누가 비난을 받아야 하는가?

　제우스는 결정을 내릴 때 이런 것들은 생각조차 하지 않았다.

　그는 엄청난 홍수를 일으켜 인간만이 아니라 이 땅 위에 살고 있는 모든 창조물들을 그 속에 다 밀어 넣으려고 했다.

　제우스는 리카온의 궁전에 있던 엎어진 식탁 앞에 서서 비를 머금은 남풍의 신을 불렀다.

　제우스는 남풍의 신에게 대양의 신 오케아노스가 넓고 끝없이 몸을 뻗고 있는 저 끝까지 돌아다니면서 전능한 오케아노스의 물을 잔뜩 머금은 거대한 구름들을 모아서 몰고 오게 했다.

　그런 다음 그 비구름들을 이 세상의 산과 들판 위로 재빨리 몰아 놓고 세찬 바람을 불어넣게 했다.

　곧 엄청난 먹구름이 온 세상을 덮었다.

　구름이 계속해서 몰려와 온 하늘이 시커멓게 뒤덮이고

모든 자연은 구름 속에 잠겼다.

갑자기 눈부신 빛이 번쩍 스치면서 하늘과 땅이 환해지더니 엄청난 천둥소리가 세상을 흔들었다.

그 소리는 마치 심판의 날이 다가온 것을 알리듯이 울리고 또 울려 퍼졌다.

세상은 공포에 짓눌려 죽은 듯이 고요해졌다.

그 순간 갑작스레 재앙이 발생했다. 놀라운 번개와 천둥이 만든 소동 속에서 하늘에서 몇천 개의 폭포가 한꺼번에 쏟아지는 것처럼 비가 퍼붓기 시작했다.

끝없는 대양에서 구름이 모여들어 비가 쏟아져 내렸다.

멈출 줄 모르는 끝없는 대홍수가 시작되었다.

곧 물이 평원을 덮었다. 높은 지대들도 물에 잠겼다.

하지만 대홍수는 멈추지 않고 계속되어 세상은 하나의 수평선으로 이어지는 엄청나게 넓은 바다가 되었다.

높은 산들까지도 물에 잠겼다.

이제 물 밖으로 보이는 것은 가장 높은 산인 올림포스와 파르나소스산의 쌍둥이 봉우리뿐이었다.

한때 사람들이 살았던 들판에서 이제 물고기들이 헤엄쳤다.

사람들이 양들에게 풀을 먹이던 곳은 이제 돌고래들이 헤엄치며 노는 운동장이 되어 버렸다.

이러한 큰 재앙 앞에선 살아남을 사람이 하나도 없어 보였다.

그러나 그렇게는 되지 않았다.

프로메테우스가 또다시 제우스의 계획을 방해하여 엄청난 대홍수 속에서 인간을 구했기 때문이다.

프로메테우스에게는 데우칼리온이라는 아들이 있었는데, 그는 프티오티스의 왕이었다. 그는 사랑하는 아들을 엄청난 홍수 속에서 구해 내고 싶었다.

프로메테우스, 세상을 구하다

프로메테우스는 데우칼리온에게 곧 홍수가 일어날 거라고 경고했다.

그리고 데우칼리온에게 자신과 가족을 구하기 위해 어떻게 해야 하는지를 알려 주었다.

데우칼리온은 아버지가 가르쳐 준 대로 일을 하기 시작했다.

그는 수백 년 된 장엄한 참나무와 곧게 솟은 키 큰 편백나무들을 도끼로 쓰러뜨렸다.

데우칼리온이 자기 가족뿐만 아니라 짐승들까지 함께 실을 수 있도록 엄청나게 커다란 방주(네모 반듯한 모양의 배)를 만들고 있었기 때문이다.

그의 아내 피라와 자식들이 쉬지 않고 열심히 도와주어서 데우칼리온의 작업은 활발하게 이루어졌다.

배의 바닥은 두꺼운 나무줄기를 잘라 만들고, 갑판은 나무쐐기들로 박아 넣고, 틈새는 소나무의 분비액인 끈

적한 송진으로 조심스럽게 메웠다.
 마침내 배의 지붕이 올려졌다. 지붕 또한 타르로 잘 칠했다.
 모든 준비가 끝나자 짐승들이 방주 안으로 들어가기 시작했다.

거만한 사자에서부터 땅을 기는 뱀까지, 이 세상에 사는 모든 짐승과 새들이 암수 한 쌍씩 제 발로 찾아와서 배에 올랐다.

데우칼리온의 방주

짐승들은 서로 싸우지 않았으며, 현명한 티탄 프로메테우스가 정해 놓은 곳으로 조용히 들어갔다.

데우칼리온은 피라와 자식들의 도움을 받아 사람과 짐승들이 오랫동안 버틸 수 있도록 충분한 식량을 방주에 실었다.

모든 것이 준비되었을 때 하늘이 구름으로 어두워졌다.

데우칼리온은 아내와 자식들에게 빨리 배에 타라고 명령했다.

모두 배에 오르자 데우칼리온과 맏아들 헬렌은 땅과 배 사이에 걸쳐 놓았던 건널 판을 올려 배 안으로 그것을 잡아당겼다.

날씨가 그들을 마냥 기다려 줄 리 없었다. 출입구를 닫자마자 폭풍이 몰아쳤다.

금세 불어난 물이 방주를 땅에서 들어 올렸다.

아흐레 낮과 아흐레 밤 동안 방주는 폭풍우에 떠밀려 다녔다. 그 사이 피라와 데우칼리온은 비가 뱃전을 두드리는 소리를 들으며 대홍수가 영원히 그치지 않을 것만

같아서 걱정스러웠다.

방주가 파르나소스산에 머무르다

그러나 열흘째 되던 날 아침, 갑자기 쿵 하고 배가 부딪치는 소리가 났다.

그들은 방주가 육지에 다시 도착했다는 것을 알았다.

데우칼리온은 달려가 창문을 열었다.

비는 그쳤지만 모든 땅은 물에 잠겨 있었고 어느 곳을 봐도 물이 수평선까지 펼쳐져 있었다.

지금 배가 걸려 있는 두 개의 봉우리로 이루어진 작은 섬만이 물 밖에 남아 있는 것이었다.

데우칼리온은 곧 그곳이 어디인지 알 수 있었다.

"우리는 파르나소스산의 꼭대기에 있는 거다. 최악의 상황은 지난 것 같지만 밖으로 나가기 전에 폭풍이 다시 밀려올지 확실히 알아봐야겠다."

데우칼리온은 비둘기를 풀어 주었다.

그 당시에는 누구나 이런 새들이 날씨를 아는 본능을 가졌다고 믿었다.

만약 새가 경고를 하면서 돌아온다면 폭풍이 다시 한번 올 것이라는 뜻이니 안전한 방주를 떠나서는 안 된다는 말이었다.

그러나 비둘기는 잠시 창문에 앉았다가 하늘을 둘러보더니 기뻐하며 산꼭대기로 날아갔다.

이것을 보자 데우칼리온은 짐승들을 모두 땅에 내리게 하고, 자신도 마른 땅을 밟았다. 피라와 자녀들이 그 뒤를 따랐다.

이렇게 해서 프로메테우스는 인간을 구해 냈다.

이제 모든 생명은 땅 위에서 사라지지 않게 된 것이다.

오늘날 그리스 사람들은 데우칼리온의 방주가 파르나소스산의 경사면에 상륙했다고 믿고 있다.

하지만 남부 이탈리아에 살고 있는 그리스 사람들은 파도가 방주를 자신들의 땅까지 밀고 와 마지막에 에트나산에 내려놓았다고 말한다.

산이 쪼개지다

한편 동부 지방에서는 데우칼리온의 방주가 어디에 상륙했었는지에 대한 또 다른 이야기가 전해 온다. 이 이야기는 특히 위대한 정복자 알렉산드로스 대왕 시대에 널리 퍼졌다.

그리스 동부 지방 사람들은 바람이 데우칼리온의 방주를 히말라야삼목으로 덮인 레바논산의 꼭대기로 데리고 왔다고 한다.

그들이 방주가 머물렀다고 믿었던 그 지점은 기독교가

들어오기 전까지 동방의 순례지였다.

그만큼 옛날에는 데우칼리온의 방주 신화가 널리 퍼져 있었다.

이제 다시 데우칼리온에게로 돌아가 보면, 그의 가족은 아직 산꼭대기 근처에 머무르고 있었다.

그들이 산기슭으로 나온 뒤 처음으로 한 일은 제우스의 아내인 헤라 여신에게 기도하는 것이었다.

그들은 제우스가 격분하여 벼락으로 자신들을 날려 버릴까 봐 그에게 직접 기도하기가 두려웠다.

오직 헤라만이 제우스를 달래어 그의 분노를 누그러뜨릴 수 있었다.

데우칼리온과 피라는 헤라에게 정성을 다해 기도했다.

"하늘의 위대한 여왕이시여, 악이 이 세상에 어떤 일을 불러왔는지 보십시오. 비오나니 이 땅을 뒤덮고 있는 물이 빠지도록 제우스 신에게 부탁해 주십시오. 그러면 우리는 영원히 헤라 여신에게 감사드릴 것입니다."

기도가 끝나자마자 그들의 발밑에서 산이 갈라져 바닥을 알 수 없는 깊은 틈이 생겼다. 그러고는 그 틈으로 굉장

한 소리를 내며 물이 쏟아져 내리기 시작했다.

 그들을 둘러싸고 있던 끝이 없는 바다는 금세 사라지고 산과 들판이 드러났다.

 그러고 난 뒤에는 갈라진 틈이 다시 메워졌다.

 하지만 금이 갔던 자국은 남아 있어서 데우칼리온과 피라는 바로 그곳에 헤라의 신전을 세웠다.

폐허와 건설

 그런 다음 그들은 헤라의 도움에 감사를 드리고 얼마 안 되는 짐을 말 위에 싣고 들판으로 내려갔다.

 어느 곳에서도 살아 있는 사람을 찾을 수가 없었다.

 부서지고 쓸려 나간 것만이 보였다. 무너진 집, 뿌리가 뽑힌 나무, 돌과 진흙이 온 사방에 널려 있었다.

그들은 무거운 마음으로 케피소스강 앞에 멈춰 섰다.

데우칼리온이 말했다.

"살아남은 사람은 오직 우리뿐이오. 자, 제단을 세워 우리에게 생명을 주신 전능하신 제우스 신에게 감사를 드립시다."

그들이 제단을 쌓고 제우스에게 도와달라고 기도를 올리자 헤르메스가 나타났다.

세상의 지배자인 제우스의 명령으로 나타난 헤르메스는 이렇게 말했다.

"전능하신 제우스 신은 너희들이 올린 감사 기도를 듣고 매우 기뻐하셨다. 그리하여 나를 보내 너희들이 바라는 것을 말하라고 하셨다. 너희들이 원하는 것이면 무엇이든 들어주겠다고 약속하신 것이다."

데우칼리온과 피라의 소망

데우칼리온과 피라는 한목소리로 대답했다.

"우리는 땅 위에 다시 사람이 가득 차기를 바랍니다."

그러자 헤르메스는 올림포스로 서둘러 돌아갔다.

 제우스는 그들이 바라는 것을 듣고는 잠시 생각에 잠긴 채 앉아 있더니 입을 떼었다.
 "그래, 그렇게 해 주지. 더 이상 사람들에게 화가 나지 않으니까. 이제는 프로메테우스가 대가를 치를 때가 되었어."
 그런 다음 제우스는 자신의 약속이 얼마나 엄중한 것인

지를 보여 주기 위해, 법의 여신 테미스를 직접 보내 데우칼리온과 피라에게 지시를 내렸다.

테미스는 그들에게로 가서 말했다.

"너희의 위대한 어머니의 뼈를 뒤로 던지면, 너희들이 원하는 모든 것이 이루어질 것이다."

그러나 데우칼리온과 피라는 같은 어머니의 자식이 아니었다. 그들은 남편과 아내이지 형제자매가 아니었다.

그들은 잠시 어쩔 줄 모르고 있었다.

그때 갑자기 데우칼리온의 얼굴이 환해졌다. 그는 테미스가 한 말의 뜻을 깨닫고 큰 소리로 외쳤다.

"올림포스의 제우스 신께서는 우리의 어머니라 할 수 있는 대지의 뼈를 던지라고 말씀하신 거요. 대지야말로 우리 모두의 위대한 어머니가 아니겠소."

피라도 기뻐하며 말했다.

"그래요, 대지는 모든 것의 어머니예요. 그리고 이 돌들은 가이아 여신의 뼛조각들이고요."

대지가 다시 사람으로 가득 차다

그들은 허리를 구부리고 강둑에 있는 돌을 집어 어깨 너머로 던지기 시작했다.

그렇게 하자 데우칼리온이 던진 돌은 남자가 되고, 피라가 던진 돌은 여자가 되었다.

그리하여 대지는 다시 사람들로 가득 차게 되었다.

이런 까닭으로 고대 그리스 말에서 '돌'과 '사람'은 같은 뜻이 되었다.

이렇게 해서 네 번째 세대 사람이 세상에 나왔다.

데우칼리온과 피라는 많은 자녀를 낳았는데, 그들의 후손은 모두 그리스 신화의 유명한 영웅이 되었다.

그 영웅들은 자신들의 위대한 업적으로 '영웅시대'라는 이름을 낳았고, 그 세대에 영광을 가져왔다.

세상의 주인 제우스는 프로메테우스를 그토록 싫어했지만, 운명은 영웅들의 영광스러운 성품 속에 프로메테우스의 피가 흐르도록 만들었다.

그리스 사람들은 모두 데우칼리온의 아들이자 프로메테우스의 손자인 헬렌의 자손들이기 때문이다.

그런 까닭에 그리스인을 헬레네인이라고도 부르는 것이다.

헬렌은 아버지 데우칼리온의 왕위를 이어 받아 프티오티스를 다스렸다.

그에게는 세 아들이 있었다. 아이올로스와 도로스와 크

수토스였다.

프로메테우스의 자손인 그리스 민족

아이올리스인은 아이올로스의 후손이고, 도리스인은 도로스의 후손이고, 이오니아인과 아카이아인은 크수토

스의 아들들인 이온과 아카이오스의 후손이다.

그러므로 신화에 따른다면 그리스인을 구성하는 네 종족은 프로메테우스의 후손일 뿐 아니라 그들의 이름까지도 물려받은 셈이다.

하지만 프로메테우스에 대한 제우스의 증오는 대홍수만으로 잠재워지지 않았다.

그의 분노는 인간에게서 방향을 틀어 거만한 티탄인 프로메테우스에게로 모아졌다.

이제 제우스는 자기의 뜻에 맞서서 인간에게 불을 가져다준 프로메테우스에 대한 처벌을 더 이상 미룰 수가 없었다.

프로메테우스는 제우스가 준비한 가혹한 처벌을 피할 수 없다는 것을 알았다.

그래서 몰래 아테나를 만나 자신의 걱정을 말했다.

그는 파란 눈을 가진 아테나 여신이 인간을 얼마나 사랑하는지 잘 알고 있었던 것이다.

프로메테우스, 자신의 일을 아테나에게 넘기다

"아테나여, 무서운 운명이 나를 기다리고 있습니다. 나는 풀리지 않는 사슬에 묶여 영원히 고문을 당해야 합니다. 하지만 내가 두려운 것은 고문이 아니라 아무도 도와주는 이 없이 남겨지게 되는 사람들입니다."

프로메테우스의 말을 들은 아테나는 결심이 선 듯 단호하게 말했다.

"당신이 받게 될 고통만으로도 너무 끔찍해요. 인간의 운명까지 걱정하느라 당신을 괴롭히지 말아요. 나는 당신이 부탁한 대로, 아니 그 이상으로 하겠어요."

그러자 프로메테우스는 아테나에게 건축, 천문학, 수학, 배 만드는 기술, 금속 작업, 의학 그리고 다른 많은 기술들을 가르쳐 주었다.

앞으로 프로메테우스 대신 아테나가 사람들에게 그것들을 가르쳐 줄 수 있게 한 것이다.

프로메테우스는 아테나에게 모든 것을 가르쳐 주고 나서 이렇게 말했다.

"아마도 이 방법이 더 좋은 것 같소. 제우스는 당신을 매우 사랑하니까 당신을 방해하진 않을 거요.

게다가 당신은 제우스를 이기는 법을 알고 있소. 나는 전혀 그럴 수 없지만."

"걱정하지 말아요, 용감한 티탄이여. 당신을 실망시키지 않을 겁니다. 그러니 이제는 힘을 내세요."

실제로 신들 가운데에서도 아테나만이 프로메테우스의 일을 해낼 수 있었다.

아테나가 자신의 일을 대신 해 주기로 하자 이 위대한 인간의 친구는 비로소 새로운 힘을 얻게 되었다.

프로메테우스의 마음은 평온해졌다.

프로메테우스는 초록빛으로 물결치는 기름진 땅을 내려다보며 사람들이 땀 흘려 일구어 내어 이 땅이 더욱 아름다워지는 모습을 마음속으로 그려 보았다.

프로메테우스의 가슴에 행복한 마음이 가득 차올랐다.

그러자 그는 두려움 없는 목소리로 말했다.

"자, 제우스여! 이제 나한테 가장 끔찍한 짓을 할 테면 해라. 나는 준비가 되었다."

인류를 위해 고통받은 프로메테우스

카프카스산맥에서

이아페토스의 아들인 티탄 프로메테우스는 거친 돌 위를 걷고 있었다.

프로메테우스를 옭아매고 있는 사슬은 차가운 광야에서 거칠게 덜그럭거렸고, 그의 팔과 다리에는 끊어지지 않는 사슬이 묶여져 있었다.

프로메테우스는 제우스의 뜻을 어기고 하늘에서 불을 훔쳐 인간에게 전해 주었다.

그리고 그 이유로 이제 곧 끔찍한 벌을 받게 될 것이다.

신과 인간의 위대한 왕인 제우스는 하늘에서 만든 사슬로 그를 단단히 묶어, 풀 한 포기 나지 않는 이 황량한 곳에 있는 바위 위에 영원히 못 박아 놓으라고 명령했다.

그렇다! 영원히 말이다! 이것은 제우스의 결정이었으며 그 누구도 이 명령이 바뀔 수 없다는 것을 알고 있었다.

우주의 주인인 제우스는 절대로 말을 번복하는 일이 없었기 때문이다.

프로메테우스는 전혀 기죽지 않고 당당하게 얼굴을 들고는 바위 위를 올라갔다.

프로메테우스에게 잘못이 있다면 사람들을 너무 사랑한 것뿐이었다.

그렇지만 그는 끔찍한 벌을 받으리라는 것을 잘 알고 있었다.

제우스의 명령에 따라 프로메테우스의 손목과 발목에는 무거운 족쇄가 채워졌다.

그리고 잔인하게 생긴 거인이 족쇄의 끝을 단단히 잡고 있었다.

거인의 이름은 '비아'였는데 제우스의 하인으로 폭력을

상징하는 자였다.

비아는 아주 무시무시한 표정으로 프로메테우스를 노려보고 있었다.

그 뒤를 따라가는 신들의 대장장이인 헤파이스토스는 슬픔으로 가득 찬 얼굴을 푹 숙이고 있었다.

그의 얼굴은 프로메테우스에 대한 번민으로 일그러진 채 자신의 재능을 한탄하고 있었다.

헤파이스토스는 이제 자신의 가장 친한 친구와 적이 되어 프로메테우스를 바위에 못 박아야만 했기 때문이다.

그는 프로메테우스가 나쁜 짓을 저질러서 벌을 받는 게 아니라 인류에게 도움을 주려다 고통을 받는다는 사실이 너무나 안타까웠다.

카프카스산맥이 가까워 올수록, 친구의 고통을 바라봐야만 하는 슬픔이 헤파이스토스의 어깨를 무겁게 짓누르고 있었다.

드디어 그들은 카프카스산맥에 도착했다.

트라키아를 지나 이스트로스강을 건넌 그들 앞에는, 바람이 불어 파도가 거칠게 이는 바다를 내려다보는 카프카

스산맥이 우뚝 서 있었다.

　누구도 이 험악한 바위들과 입을 벌리고 기다리고 있는 드넓은 낭떠러지에 와 본 적이 없었다.

　이 외로운 황무지에는 지금까지 풀 한 포기도 제대로 자란 적이 없었다.

　아주 오랜 옛날부터 사나운 바람이 높은 산맥을 깎아 왔으며, 폭풍우가 이는 흑해의 사나운 파도는 기나긴 세월 동안 거친 해변을 난타해 왔던 것이다.

이곳에 영원히 머무르라

가장 꼭대기에 있는 아찔한 절벽에서 걸음을 멈춘 거인 비아의 입술은 악랄한 미소로 일그러졌다.

"바로 이 자리야! 이 정도로 울퉁불퉁한 바위라면 언제나 거센 바람이 불어 대겠지. 여기라면 폭설과 눈보라가 끊임없이 그의 몸을 채찍질할 것이고, 한여름에 뜨겁게 타오르는 태양이 그를 재처럼 까맣게 불태워 버릴 거야.

제우스님의 의지를 꺾을 수 있다고 생각하는 모든 이들

이 프로메테우스를 보고 공포에 떨 수 있도록 그의 몸에 못을 박아 영원히 묶어 두자!"

그러고 나서 비아는 헤파이스토스를 사납게 노려보면서 크게 소리쳤다.

"뭘 꾸물거리는 거야! 빨리 일을 시작해! 빨리 프로메테우스를 이 바위에 묶어서 절대로 풀려나지 못하게 만들란 말이야! 그다음에는 조금이라도 무릎을 구부리거나 몸을 옆으로 돌려서 잠이 들지 못하도록 가슴 한가운데에 못을 박아 버려! 단 한순간도 고통에서 벗어날 수 없도록 말이야.

더욱이 저자는 영원히 죽지 않으니 정말 잘되었어. 그의 고통은 계속될 테니까 말이야. 이 천하의 악당!"

헤파이스토스는 깊은 신음 소리를 내며 말했다.

"난 우리 가운데 누가 악당인지 모르겠군. 너일지도 모르고 아니면 나일 수도 있지. 하지만 프로메테우스는 아니야. 오, 이아페토스의 아들이여, 내 마음이 그대를 위해 통곡하는구나.

하지만 난 아버지의 명령을 어길 수가 없도다. 이제 나는 그대를 이 바위에 묶어야만 한다. 왜 그래야만 한단 말인가? 그대가 인간에게 모든 것을 준 게 이런 고통을 당하는 이유가 된단 말인가!"

그러지 비아가 위협적인 말투로 소리쳤다.

"이 대장장이야, 말조심해! 그런 도둑에게 동정을 낭비하지 말란 말이야!"

이 말을 들은 헤파이스토스가 대답했다.

"생긴 것만큼이나 말도 고약하게 하는군. 훔치는 것과 주는 것도 모르다니 한참 배워야겠구나."

"이 세상의 주인께서 그가 도둑이고 악당이라고 하면 그런 거야. 제우스님이 생각하시는 대로 우리도 생각해야 해. 왜냐하면 이 세상에서 제우스님만이 유일하게 자유로운 분이시니까. 그리고 너도 잘 알잖아. 우리가 가진 자유는 모두 제우스님이 허락하셔서 얻은 것임을 말이야."

하지만 헤파이스토스는 비아의 말에 반대했다.

"악한 일을 하라는 게 자유인가? 무조건 복종하는 자유 말인가? 너는 그것을 자유라고 부른단 말이냐? 하지만 우리 가운데 용감하고 어디에도 구속되지 않은 자유로운 영혼을 가진 자가 있지. 비록 지금은 두 팔과 다리에 족쇄가 채워져 있을지라도 그는 제우스보다 더 자유롭다네!"

"너, 지금 프로메테우스를 말하는 건가? 미쳤군! 만약 제우스님이 네 말을 들었다면 넌 분명 벼락을 맞았을 거야. 그리고 왜 내가 너 때문에 피해를 입어야 하지?

프로메테우스는 도둑이고 악당이야. 제우스님이 그렇게 말하시면 그런 거야. 자, 어서 시작하라구. 그의 가슴에 못을 박아 고정하는 거야. 헤파이스토스, 어서 끝내자고!"

헤파이스토스는 이 곤혹스러운 일 앞에서 어찌해야 할지 모르고 있었다.

"안 돼! 그럴 순 없어! 지금 우리 앞에서 이 세상의 빛과 자유가 사슬에 묶여 있는 모습을 보란 말이다. 신 가운데 가장 아름다운 신을 나의 두 손으로 못 박을 운명이었다면 차라리 태어나지 않는 게 나았을 것을!

지금 우리가 꿈꿀 수 있는 유일한 희망은 결국 마지막에는 진실이 승리할 거라는 믿음뿐이야. 아무리 비틀어지고 왜곡되더라도 언젠가는 진실이 자신의 참모습을 드러낼 거야."

그러자 비아가 주먹을 휘두르며 소리쳤다.

"그만, 됐어! 조심하지 않았다간 어느 날 너도 저놈과 같은 신세가 될지도 몰라. 아마 그렇게 되면 정신을 좀 차리고 제우스님이 우리에게 주신 자유를, 그것이 아무리 하찮다 해도 고맙다고 생각하게 될걸!"

헤파이스토스가 비꼬듯 말했다.

"흥, 이제는 폭력을 일삼는 비아가 우리에게 자유에 대해 가르치려고 하시는군! 이 녀석아, 난 어떤 괴로운 운명을 겪게 되더라도 상관없어!"

이렇게 말을 하면서도 헤파이스토스의 얼굴은 더없이 슬퍼 보였다.

"하지만 내 운명을 걱정하든 안 하든 간에 내가 할 수 없는 게 딱 하나 있어. 그것은 바로 아버지의 의지를 꺾고 내게 주어진 운명을 피해 가는 일이야."

세게 쳐라!

얼마 동안 긴장된 침묵의 시간이 흘렀다.

비아의 표정은 점점 더 험악해졌고 이제 더 이상은 참

지 않을 것이라는 게 뻔히 보였다.

헤파이스토스는 꽤 오랫동안 비아를 무시하고 아무 말 없이 서 있었다. 하지만 그는 깊은 신음 소리와 함께 망치를 들어서 쇠사슬을 박기 시작했다.

그와 함께 비아의 고함 소리도 커졌다.

"더 세게 쳐! 쇠사슬을 바위 깊숙이 박으란 말야!"

단단한 바위들이 몸을 떨기 시작했다. 카프카스산 전체

가 대장장이 신이 내리치는 무시무시한 망치의 힘에 울음을 토했다.

헤파이스토스가 치는 망치 소리는 온 세상에 천둥소리처럼 울려 퍼졌다.

이제 프로메테우스는 차가운 바위에 쇠사슬로 꽁꽁 묶였다. 어찌나 단단한지 헤파이스토스도 풀 수 없게 되었다.

비아가 소리쳤다.

"자, 이제 못을 박아! 그의 가슴에 못을 박아서 바위에 고정하란 말야!"

잠시 뒤 비아의 말처럼 프로메테우스의 가슴에는 커다란 못이 박혔다.

생명이 없는 바위조차 고통을 느끼기라도 하는 것처럼 산 전체가 신음 소리를 냈다.

하지만 정작 프로메테우스는 단호하게 자신을 다스리며 한마디도 하지 않았다.

그는 당당하고 굳건하게 그 끔찍한 고문을 끝까지 견뎠다.

끔찍하고 무시무시한 고문이 계속되는 동안, 프로메테우스의 눈빛은 저 멀리, 사람들이 열심히 일하면서 살고 있는 바다 너머에 고정되어 있었다.

일을 다 마치고 나자 비아는 프로메테우스를 올려다보며 호통쳤다.

"이제 네 마음대로 제우스님을 저주해 봐라! 이 황량한 광야에서 아무리 소리쳐도 들리지도 않을 것이고, 제우스님은 들으려 하지도 않으실 테니까.

하지만 이 말은 새겨듣는 게 좋을 거야. 신에게서 뭔가를 훔치고 싶다면 훔친 것을 불멸의 존재에게 주라는 거야. 인간에게는 주지 말라고. 신만이 너를 언젠가 이 구속에서 풀어 줄 수 있을 테니까. 이 세상에 어떤 인간도 너를 이 구속에서 풀어 줄 수는 없어."

비아는 수많은 세월이 흐른 뒤 자신의 거만한 생각이 바뀌게 될 줄은 꿈에도 모른 채 마음대로 내뱉었다.

그는 위대한 힘을 가진 영웅이 태어나서 하늘이 만든 사슬을 풀 것임을 미처 알지 못했다.

"헤파이스토스, 이제 우리는 떠나자. 저놈이 여기 매달리게 되었으니 제우스님의 힘을 인정하고 자신이 한 나쁜 일을 반성하겠지. 하지만 그래도 소용 없어. 제우스님이 내린 결정은 절대로 바뀌지 않으니까."

비아는 이렇게 말하고 올림포스로 발길을 돌렸다.

자신이 내린 명령대로 일이 이루어진 것을 본 제우스 역시 만족했을 것이다.

이렇게 제우스의 가장 위대한 적은 영원히 끝날 것 같지 않은 고통 속에서 괴로워하며 여기 매달려 있을 것이다.

헤파이스토스는 고개를 푹 숙인 채 떨어져 서 있었다.

그는 인류의 가장 위대한 친구인 프로메테우스를 잠시 동안 바라보았다.

프로메테우스의 눈에 어려 있는 것은 참을 수 없는 고통의 괴로움이 아니라 굽힐 줄 모르는 의지였다.

정의롭지 못한 것은 절대로 받아들이지 않을 것이며, 아무리 끔찍하고 기나긴 고문을 받게 된다 하더라도 굽히지 않을 만큼 강한 의지였다.

헤파이스토스, 프로메테우스를 위해 슬퍼하다

헤파이스토스는 그 자리를 떠나기 위해 눈을 내리깔고 몸을 돌렸다.

헤파이스토스의 눈에는 아직도 프로메테우스의 담담하고 반항적인 눈빛이 남아 있는 것 같았다.

그리고 그의 두 볼에는 쇠똥같이 굵은 눈물방울이 흘러내렸다.

프로메테우스는 이제 혼자 남았다.

그리고 황량한 곳에 흐르고 있던 침묵은 사슬에 묶이고 가슴에 못이 박혀 고통받는 프로메테우스의 나직한 신음 소리로 채워졌다.

비아와 헤파이스토스가 떠난 뒤에야 프로메테우스는 고통을 드러내기 시작했다.

프로메테우스는 허공을 향해 비통한 마음을 쏟아 냈다.

"오, 대지와 하늘과 모든 것을 보는 밝은 해여, 범죄 아닌 범죄 때문에 신들에게 벌을 받아 바위에 매달린 저의 고통받는 모습을 보시오.

'넌 하찮은 인간을 위해 신성한 불을 훔쳤어.' 제우스가 이렇게 말했지. 그래, 내가 훔쳤지! 난 미래를 볼 수 있기 때문에 어떤 벌이 기다리고 있는지 알고 있었어.

하지만 조금도 주저하지 않았어. 그리고 앞으로 어떤 끔찍한 일을 겪는다 해도 내 결심은 흔들리지 않아. 난 정의가 거대한 몸집으로 자라서 온 세상을 덮는 그날까지 굴욕감과 끝없는 고문을 견뎌 낼 테니까."

무시무시한 광경

그러고 나서 프로메테우스는 침묵에 빠졌다.

그런데 무슨 소리가 들리는 것 같았다. 나뭇잎이 바람에 날리며 사그락거리는 소리와 비슷했다.

곧 그 소리가 무엇인지 알 수 있었다. 물의 여신인 오케아니스들이 그에게 오고 있는 것이었다.

그들은 온 세계를 품에 안고 있는 위대한 티탄 오케아노스의 딸들이었다.

오케아니스들이 점점 프로메테우스 곁으로 다가왔다.

눈앞에 펼쳐진 끔찍한 광경을 본 오케아니스들의 입술에서 비명이 흘러나왔다.

모두들 그 광경을 믿을 수 없어 말을 잃은 채 멍하니 서 있었다.

마침내 가장 나이가 많은 여신이 침묵을 깨고 말문을 열었다.

"저희는 메아리가 되어 울리는 망치 소리를 듣고 저희 아버지의 안부를 전하고 또 당신의 고통을 덜어 주기 위해 왔습니다.

슬픈 프로메테우스여, 하지만 지금 우리 눈에 보이는 것은 믿을 수 없을 만큼 잔혹하군요. 우리 눈에 보이는 것을 도저히 받아들일 수 없군요."

　프로메테우스는 아름다운 오케아니스들의 진심 어린 걱정을 고맙게 받아들였다.

　"오! 나의 진실한 친구인 오케아노스의 딸들이여, 고통이 있는 곳이면 어디든 그대들의 발길을 재촉해 가는군요. 이제 제우스가 나에게 어떤 고문을 내렸는지 보았을 것입니다. 그 누구도 나를 풀어 줄 수 없도록 바위에 이렇게 장승처럼 꼿꼿하게 묶어 버렸습니다."

　"프로메테우스여, 당신의 고통을 보고 있으니 우리의 가슴이 슬픔으로 찢어집니다. 오, 당신은 인류의 빛이자 희망이 아닙니까. 하지만 이제 제우스는 세상을 엄하게 다스리고 벌 또한 엄하게 내리는군요.

　그것이 옳은 일인지 그릇된 일인지 저희는 아직 모릅니다. 하지만 설사 당신이 잘못을 했다 하더라도, 아니 그 어떤 범죄에도 이런 벌은 있을 수 없습니다."

　프로메테우스는 쓸쓸하게 대답했다.

"하지만 이렇게 존재하는군요."

"그렇다면 우리에게 당신이 어떤 끔찍한 일을 저질렀는지 이야기해 주세요."

"난 제우스가 인류를 멸망시키려 할 때 그들을 구했습니다!"

"하지만 그것은 범죄가 아니잖아요. 오히려 훌륭한 행동이지요!"

오케아니스들이 한목소리로 외쳤다.
"난 제우스에게서 불을 훔쳐다가 인류에게 돌려주었습니다."
"그렇게 함으로써 당신은 인류에게 커다란 도움을 주었고 그 일로 신들에게 해를 입힌 것은 아니지 않습니까?"

"난 사람들에게 질병을 고치는 방법을 가르쳐 주었고 그들의 영혼에 희망을 불어넣어 주었습니다."

"아, 당신의 심장이 얼마나 아름다운지 알 것 같아요. 그런데 그 심장에 못을 박아 바위에 묶어 두다니!"

프로메테우스의 말을 듣고 난 오케아니스들은 눈물을 흘렸다.

"난 사람들에게 학문과 예술 그리고 과학을 가르쳤습니다. 그들에게 읽고 쓰는 법과 집 짓는 법을 가르쳐 주었으며 그들의 화로에 따뜻함을 가져다주었습니다."

"어떻게 그런 착한 일을 하고도 이런 벌을 받을 수 있나요?"

"그 일뿐만 아니라 인류를 위해 좋은 일을 많이 했지만 이렇게 벌을 받고 있습니다. 내 말을 명심하십시오.

만약 내가 엄청나게 나쁜 짓을 저질렀더라면 오히려 전혀 벌을 받지 않았을지도 모릅니다. 불공평한 자들은 불의에 대항해 싸우는 이들을 위해 가장 가혹한 벌을 남겨둔답니다."

"불쌍한 프로메테우스여, 슬픈 진실을 말하는군요. 그

게 사실이 아니라면 얼마나 좋을까요? 하지만 하늘 저 너머를 보세요. 누군가가 오고 있군요."

그들은 하늘 저 너머를 유심히 바라보았다.

곧 그들은 지평선 위의 구름 사이로 날아오는 마차를 볼 수 있었다.

눈처럼 희고 날개 달린 말, 페가소스가 마차를 끌고 있었다. 바로 오케아니스들의 아버지, 오케아노스의 마차였다.

하늘의 신 우라노스와 대지의 여신인 가이아의 아들인 흰 머리의 오케아노스는 곤경에 빠진 친구를 돕기 위해 저 머나먼 세상 끝에서 여기까지 날아온 것이었다.

소박하고 진실한 오케아노스는 올림포스에서 멀리 떨어져서 혼자 살았다.

왜냐하면 부정이 날뛰는 세상을 더 이상 볼 수가 없었기 때문이었다.

하지만 오케아노스는 자신의 좋은 친구가 위기에 빠진 지금이야말로 돕기 위해 가 보아야 할 때라고 느꼈다.

인류의 위대한 보호자인 프로메테우스가 바위에 매달

려 있는 것을 보았을 때, 오케아노스의 심장은 슬픔으로 터질 것 같았다.

오케아노스, 프로메테우스를 도우려 하다
오케아노스가 외쳤다.
"아니, 이게 도대체 뭐란 말인가! 이 세상에는 왜 이렇게

불공평한 일들이 많단 말인가?"

그러자 프로메테우스가 대답했다.

"기억하는가, 오케아노스? 우리가 옛날에 제우스를 어떻게 도왔는지?"

"기억하고말고!"

흰 머리의 오케아노스는 화를 내며 대답했다.

"난 지금 당장 올림포스로 갈 것이네! 제우스에게 우리의 오랜 우정을 다시 떠올리도록 해 보겠네. 난 그의 마음을 누그러뜨리고 자네를 풀어 주게 할 수 있는 방법을 알고 있어.

물론 자네도 알다시피 제우스가 엄하게 다스려 아무도 그의 명령을 거역할 수 없으니 기회를 잘 엿보아야겠지. 하지만 그것도 걱정 없네."

프로메테우스는 그의 말을 끊고 중간에 끼어들었다.

"상황을 정확히 파악하고 있군, 자네. 그리고 바로 그러한 이유 때문에 자네는 제우스를 만나러 가서는 안 되네.

오케아노스, 자네에게 어떤 끔찍한 운명이 닥칠까 두렵네. 왜냐하면 제우스의 마음을 누그러뜨리기는커녕 그의 분노를 더 돋울 수도 있기 때문이라네. 그 어떤 것도 나를 향한 그의 증오심을 바꾸지는 못할 걸세."

오케아노스가 단호하게 대답했다.

"난 갈 걸세. 자네를 이 고통에서 구하고 부정을 바로잡아야 하네. 내가 어떤 위험에 빠진다고 해도 상관없네."

"난 항상 자네가 나의 진정한 친구라는 것을 알고 있었네. 자네에게 고맙게 생각하지만 나를 위해 그런 위험 속에 들어가게 하고 싶지는 않네. 자네는 제우스의 마음을 바꾸지 못할 걸세.

더더군다나 부정한 자에게 자비를 구걸한다는 것도 옳은 일이 아니지 않은가! 난 그런 것을 원하지 않는다네.

어서 떠나게나. 그리고 설사 내 말에 동의하지 않는다 해도 더 이상 내 마음을 바꾸려고 애쓰지 말게."

오케아노스는 프로메테우스의 얘기를 듣고 있는 동안 마음이 무거워졌다.

왜냐하면 그 역시 고통받는 친구를 위해 해 줄 수 있는 게 아무것도 없다는 것을 깨달았고 또 사슬에 묶인 친구는 설득당하지 않을 것임을 알기 때문이었다.

오케아노스는 무거운 마음을 이끌고 다시 마차에 올라탄 뒤 고삐를 잡아당겼다.

페가소스가 그를 하늘 저 높이로 끌어올릴 것이었다.

오케아니스들의 슬픔

"프로메테우스를 여기 혼자 두고 가지 말아 다오!"

오케아노스는 페가소스가 땅을 박차고 하늘로 오르려 할 때, 딸들에게 당부했다.

그리고 그는 하늘 위로 사라졌다.

어떤 희망도 보이지 않아 절망에 빠진 오케아니스들은 사슬에 묶인 프로메테우스의 끔찍한 운명을 슬퍼했다.

오케아니스들은 구슬프게 울었다.

"위대한 티탄이여, 그대의 운명을 슬퍼하는 것은 그리스뿐만이 아니랍니다. 온 세상의 모든 사람들이 당신과 함께 울고 고통받고 있습니다.

아시아의 공예가들, 콜키스의 늘씬한 처녀들, 키타이의 모든 사람들, 아라비아의 용감한 장군들 그리고 카프카스의 거친 봉우리들 위에 있는 막강한 요새를 지키는 자들도 당신을 위해 슬퍼합니다."

그리고 오케아니스들은 프로메테우스의 강력한 형제인 아틀라스를 기억해 냈다.

아틀라스는 영원토록 엄청난 무게의 지구를 어깨 위에 짊어지고 있어야 했다.

"아틀라스의 고통도 인류의 후원자인 당신의 고통과는

비교할 수 없습니다. 여태껏 만들어진 그 어떤 벌도 당신의 영원한 고통에는 비할 수 없을 것입니다."

오케아니스들은 계속해서 프로메테우스의 운명을 한탄했지만 그는 침묵을 지켰다.

그러던 프로메테우스가 갑자기 고개를 들고 자신의 절친한 친구의 딸들을 바라보면서 말했다.

"고통스럽거나 지쳐서 조용히 있는 게 아니라오. 내 머릿속으로 밀려 들어오는 추억과 명상들 때문이랍니다. 왜냐하면 나도 제우스가 이런 식으로 벌을 줄지는 꿈에도 생각하지 않았기 때문이지요.

제우스와 내가 가장 친한 친구였던 시절이 있었죠. 그냥 친구도 아니고 아주 소중한 뜻을 같이한 그런 친구였죠. 그 시절에 우리는 주위에 가득 찬 부정을 볼 수 있었소. 우리는 그 시절, 세계를 지배하던 티탄 크로노스가 얼마나 포악한지를 보았죠. 그의 부정은 세상에 모든 악을 다 불러왔소. 광기, 기아, 증오, 질병 그리고 전쟁과 같은 끔찍한 괴물들 말이오.

우리는 그것들이 지구에 퍼져서 사람들 사이에 파고들

어 온 세상을 생지옥으로 만드는 것을 보았죠. 그때 우리는 크로노스를 신들의 왕좌에서 몰아내기로 결심하고 그와 다른 티탄들에 대항하는 전쟁을 결심했지요.

제우스는 자기 형제들의 도움을 받았지만 그것만으로는 부족했죠. 나는 내가 갖고 있는 모든 힘으로 그를 도왔소.

난 먼저 제우스를 도울 수 있는 친구들을 구해 주었지

요. 내 지혜로운 어머니 클리메네, 당신들의 아버지인 위대한 오케아노스, 모든 생물의 어머니인 가이아 여신 그리고 제우스에게 자신들의 천둥을 준 키클로프스들을 그의 친구로 만들어 주었지요. 그리고 다른 모든 이들처럼 제우스의 옆에서 그와 함께 10년 동안 전쟁에 임했고 제우스는 승리자로 왕위에 올랐지요.

그리고 나서 나는 크로노스가 다스리던 시질에 세상을

누비고 다니던 괴물들을 모두 잡아서 커다란 흙으로 만든 항아리에 가둬 놓았지요.

그리고 그들이 절대 탈출할 수 없도록 하기 위해 내 형제인 에피메테우스에게 맡겼지요.

그 뒤 나는 인류를 도와주기 시작했습니다. 사람들을 비참한 생활에서 구하기 위해 그들에게 불을 선물로 주었습니다.

제우스는 불같이 화를 냈죠.

왜일까요? 인류가 그를 해친 적이 있었던가요? 그가 인간을 겁내고 있었던 걸까요?

전 모르겠습니다. 이유가 뭐였는지는 모르겠지만 사람들을 향한 제우스의 태도는 완전히 바뀌었죠. 이제는 어떻게 하면 사람들을 괴롭히고 해를 끼칠 수 있을까만 생각하는 것 같소.

문제는 시키온에서 제물로 바쳐지는 황소에서 시작되었소. 제우스는 사람들이 고기를 먹는 것을 원치 않았소. 그는 사람들이 고기를 신들의 제단에 올리는 재물로 쓰기만을 원했지요.

하지만 내가 그의 뜻을 거슬렀지요. 그러자 제우스는 내가 사람들에게 고기를 익혀 먹을 수 있도록 선사해 주었던 선물인 불을 빼앗아 갔습니다.

나는 불을 다시 훔쳐서 사람들에게 가져다주었지요. 그때부터 우리는 적이 되었습니다. 제우스에게는 오로지 나를 벌하겠다는 한 가지 목적밖에 없었죠.

그는 나에게 앙갚음하기 위해 판도라를 이 세상으로 보냈죠. 그녀는 티탄과의 전쟁 이후에 내가 괴물들을 모아 담아 놓았던 항아리를 열었소. 그리하여 그들이 다시 한번 지구를 뒤덮게 되었죠.

또한 제우스는 거대한 홍수를 보내 이 세상에서 인류를 영원히 없애 버리려고 했소. 나는 데우칼리온과 피라를 구함으로써 다시 그를 방해했지요.

그대들에게 더 많은 것을 얘기할 수도 있겠지만 지금껏 말한 것만으로도 충분한 것 같소. 이제 내가 왜 가슴에 못을 박고 이 바위에 매달려 있는지 이해하겠지요?

나는 사람들에게 영원히 행복할 거라는 환상을 심어 주고 거짓 약속을 해서 그들을 이끌 만한 재능은 없었소. 난 단지 그들의 머리를 밝혀 주었고, 그들의 삶을 좀 더 견딜 만하게 만들어 주었으며, 이승에서의 그들의 삶에서 고통을 덜어 주었소.

그리고 그것 때문에 벌을 받아야 한다면 기꺼이 받을 것이며 이것보다 더한 벌도 견딜 것이오!"

"오, 프로메테우스여! 그대는 인류를 위해서 위대한 사랑을 베푸시는군요. 하지만 어쩌면 자기 자신에 대해서는 그렇게 눈곱만큼도 생각을 안 하시나요?"

프로메테우스가 대답했다.

"내 천성이 그렇소이다. 그리고 나는 그렇게 행동하도록 운명 지어져 있지요."

오케아니스들이 물었다.

"제우스의 운명은 영원토록 다스리는 것이고요?"

프로메테우스는 고개를 저으며 말했다.

"그렇게 말하지 마시오. 운명의 여신들인 모이라이가 쓴 모든 것을 그대들은 알지 못합니다."

프로메테우스는 그처럼 많은 것을 볼 수 있었다.

오케아니스들은 이것을 알았기에 그에게 물었다.

"운명의 여신들은 제우스가 두려워할 만한 무언가를 적었단 말인가요?"

프로메테우스가 대답했다.

"오직 나만이 알고 있죠. 하지만 아직 말할 때가 아니랍니다. 난 제우스가 부정하게 통치하는 한 그를 구하지 않을 것이오. 그리고 비밀을 지킴으로써 언젠가 그를 정신 차리게 할 것이고, 나는 이 구속에서 벗어나게 될 것이오."

오케아니스들은 안타까운 마음을 드러내며 말했다.

"아, 그날이 오늘이라면 얼마나 좋을까요. 하지만 어떻게 그런 일이 일어날 수 있을까요? 이 사슬들은 만든 이조차도 끊을 수 없게 튼튼하게 만들어졌다는데 말입니다."

오케아니스들은 미래에 괴력을 가진 영웅이 태어나, 프로메테우스를 묶고 있는 끊어지지 않는 사슬을 부숴 버릴 것임을 몰랐기 때문에 이렇게 말할 수밖에 없었다.

카프카스산맥의 이오

하지만 바위에 매달린 프로메테우스는 이렇게 말했다.

"언젠가 내가 풀려날 것이라는 것만큼은 알고 있소. 하

지만 기나긴 세월이 흘러야 한다오. 왜냐하면 나를 풀어 줄 그가 태어나려면 아직도 오랜 세월이 남았으니까 말이오.

그리고 그날이 올 때까지 난 이 세상의 어떤 존재보다도 비참하게 고통을 겪어야만 하는 것이오.

저기 좀 보시오. 불운한 이오 공주가 이리로 오고 있군요. 그녀의 머나먼 후손이 나를 구할 것임을 그녀는 꿈에

도 모르고 있을 것이오."

프로메테우스가 이렇게 말하는 동안 하늘에는 고통 속에서 괴로워하는 암소의 울음소리로 가득 찼다.

심장을 쥐어짜는 듯한 소리였다. 이런 끔찍한 소리를 내는 것은 이오였다.

한때 이오는 아르고스의 아름다운 공주였지만 지금 그녀는 너무나 비참한 모습으로 바뀌어 있었다.

암소로 변한 이오는 온몸에 상처가 나고 피투성이가 된 채 입에 거품을 물고 있었다.

 그러고는 거대한 쇠등에의 독침을 피하기 위해 마치 몸에 악귀가 들린 듯이 펄쩍펄쩍 날뛰고 있었다.

 헤라가 이오 공주에게 저주를 내림으로써 그녀가 겪어야 했던 고통들에 대해서는 이미 다른 책에서 얘기한 바 있다.

 이 불쌍한 공주는 세상의 반을 쫓겨 다니다가 이제 카프카스에 도착한 것이었다.

 바위에 매달려 있는 프로메테우스를 보자마자 이오는 그 끔찍한 광경에 할 말을 잃고 제자리에 우뚝 서 버렸다.

 '저자는 분명 끔찍한 범죄를 저질렀을 거야. 하지만 아무 잘못도 저지르지 않은 나도 이렇게 고통받고 있는걸.'

 하지만 이오 자신도 너무나 고통스러웠기 때문에 절망 속에서 고개를 들고 하늘을 향해 남은 힘을 다 모아 외쳤다.

 "신들의 왕, 제우스님이여! 왜 저에게 이런 고통을 겪게 하시나요? 차라리 벼락을 맞아서 재가 되게 하소서! 아니면 땅을 열어서 저를 삼키게 하세요! 저를 짐승들의 밥으로 만들지 않고 왜 이런 끔찍한 고통을 겪게 하시나요?"

프로메테우스가 이오를 불렀다.

"헤라의 분노가 불공평하게 내려진, 이나코스의 딸이여……."

"불운한 존재인 당신은 누구신가요? 당신은 누구시기에 내 아버지의 이름을 알고 나에게 어떤 일이 있었는지를 아시나요?"

"나는 인간에게 불을 선물한 장본인이다. 어떤 사람들은 훔쳤다고도 하고 말이야. 원하는 대로 표현해도 좋아."

이오가 놀란 듯이 외쳤다.

"당신은 프로메테우스시군요! 인류의 위대한 후원자이신 프로메테우스 말이에요!"

"그래, 그렇기 때문에 나는 이 바위에 못 박히고 끊을 수 없는 사슬로 묶여 있는 것이다. 이제 그대보다 더한 고통을 겪고 있는 자를 보았지? 인내심이야말로 고통에 가장 좋은 약이지."

"아, 슬픕니다. 나에게 만약 그대와 같은 의지력이 있었다면 이 괴로움은 물론 더한 괴로움도 견딜 수 있겠죠.

하지만 저는 더 이상 이 고통을 견딜 수가 없습니다. 이제 제가 바라는 것은 딱 한 가지랍니다. 그것은 바로 이 자리에서 쓰러져 죽어 버리는 것입니다."

나의 구원자는 네 후손들 중의 하나일 것이다

"그대가 겪고 있는 고통도 언젠가는 끝난다는 것과 이 세상에서 그대의 삶이 전혀 쓸모없는 게 아니라는 것을 안다면 고통을 이겨 낼 의지력을 갖게 될 것이다."

이오가 소리쳤다.

"오, 프로메테우스여! 미래를 볼 수 있으니 모든 것을 다 아시겠군요. 하지만 진정 제가 살아야 할 이유가 있단 말인가요?"

"내가 이제부터 말하려는 것을 들으면 아마 깜짝 놀랄 것이다. 잘 듣기 바란다. 네 후손에 의해 나는 자유를 얻게 될 것이다!"

이오는 이 말에 너무 놀라 비틀거렸다.

이오는 자신이 언젠가 아이들을 낳을 것이고 그들의 후

손 가운데 한 명이 하늘에서 만든 사슬을 끊을 수 있을 정도로 막강해질 거라는 사실을 받아들일 수가 없었다!

하지만 바위에 매달려 있는 티탄 프로메테우스의 예언은 이오에게 새로운 힘을 주었다.

그래서 이오는 용기를 내어 말했다.

"지금 프로메테우스 님이 하신 말이 진실이라면 제가 언젠가는 이 끔찍한 방황을 끝맺고 다시 사람의 모습으로 돌아온단 말씀이신가요?

제발 이렇게 간청하오니 알려 주시기 바랍니다. 제 고통은 언제 어디에서 끝나는 건가요?"

프로메테우스가 대답했다.

"이집트에서다. 거대한 나일강이 바다로 흐르는 이집트에서 말이다. 내가 고통에서 벗어나려면 오랜 시간이 걸릴 것이고 멀고도 힘든 길을 방황해야 하며 여러 가지 힘든 일을 겪어야 할 것이다.

하지만 너는 이집트에서 제우스를 만날 것이고 그는 너를 다시 여자로 만들어 줄 것이다."

이오는 이 두려움을 모르는 티탄의 예언을 듣고 너무나

기뻤다.

"프로메테우스여, 고맙습니다. 어떻게 해서든 어려움을 헤쳐 나갈 수 있는 용기를 찾을 것입니다.

하지만 궁금한 게 있습니다. 제 후손 가운데 당신에게 자유를 줄 자가 있다는 것은 무슨 뜻인가요? 당신의 예언이 제게 새로운 희망과 기쁨을 준 것은 사실이지만 아직도 당신의 말을 확실하게 이해하기가 어렵습니다."

이윽고 프로메테우스가 대답했다.

"원한다면 모든 것을 이야기해 주겠다. 그대는 머나먼 이집트에서 제우스를 만날 것이고 그가 네 머리에 손을 올려 너를 다시 인간의 모습으로 돌려놓을 때, 너는 아들을 잉태하게 될 것이다.

그 아들의 이름은 에파포스가 될 것이니, 이는 잠깐 동안의 접촉으로 잉태되었음을 뜻한다. 에파포스는 이집트의 첫 번째 왕이 될 것이며 그의 후손들은 위대한 영웅이 될 것이다.

이 후손들 가운데 어느 날 막강한 영웅이 태어날 것이다. 그는 너무나 힘이 세서 이 사슬조차도 그를 이기지 못할 것이다. 그의 이름은 헤라클레스다.

하지만 안타깝게도 나는 헤라클레스의 탄생을 수 세기 동안 기다려야만 한다."

프로메테우스의 말이 채 끝나기도 전에 이오는 다시 한 번 처절한 신음 소리를 냈다.

그러고는 바로 공중으로 튀어 올라서 곧바로 도망쳤다. 무시무시한 쇠등에가 다시 이오를 쫓아와서 그녀의 허벅지를 공격했던 것이다.

마침내 불운한 이오의 모습은 사라져 버렸다.

이것을 바라본 오케아니스들은 한숨을 지으며 말했다.

"약한 자들은 강한 자들과 절대로 어울리지 말라고 했던 그는 얼마나 현명한 자인가!"

위대한 비밀

사슬에 묶인 프로메테우스는 이 말을 듣고 화가 난 목소리로 소리쳤다.

"제우스가 아무리 막강하다 할지라도, 언젠가 그도 무시무시한 노예의 사슬에 묶이게 될 것이다!"

프로메테우스는 계속해서 말했다. 그의 목소리가 어찌나 분노에 차 있던지 카프카스산 전체가 쩌렁쩌렁 울렸다.

"제우스는 언젠가 지금 살고 있는 높고 고귀한 궁전에서 타르타로스의 깊은 나락으로 내동댕이쳐질 것이다. 제우스는 자신을 올림포스에서 쫓아낼 무시무시한 적의 조상이 될 것이다! 자신을 구할 방법은 단 한 가지이며 그것은 위대한 비밀에 대해서 알게 되는 것이다.

하지만 그는 절대로 이 비밀을 알아내지 못할 것이다. 왜냐하면 이 세상에 그 비밀을 아는 자는 단 하나이며 그것은 바로 나이기 때문이다.

그래, 제우스! 지금은 신들의 왕좌에 앉아 온갖 영화를 누리고 있지만 그대가 현재 누리는 영광의 높이만큼이나 깊은 나락으로 떨어져서 만신창이가 되고 나면, 그제야 굴종과 왕국 간의 거대한 틈새를 깨닫게 될 것이다!"

오케아니스들은 두려움을 모르는 프로메테우스가 온 세상이 쩌렁쩌렁하게 울릴 정도로 외치는 끔찍한 협박을 들으며 두려움에 떨었다.

"프로메테우스여! 지금 뭐라고 하시는 건가요? 그대에게 또 닥치게 될지도 모르는 더 끔찍한 운명이 두렵지도 않으신가요?"

프로메테우스는 그들의 말을 반박했다.

"만약 내가 후환을 두려워했다면 지금쯤 나는 올림포스의 성전에 앉아 있을 것이오. 하지만 난 언제나 조심성이 없었지."

"고개를 언제 숙여야 하는지를 잘 아는 자 역시 지혜로운 자입니다."

"그렇소. 지혜로운 자들은 자신이 언제 몸을 낮추어야 하는지 알고 있지요. 하지만 난 독재 앞에서는 절대로 고개를 숙일 수 없소!"

바로 그때, 날개 달린 신 헤르메스가 번개처럼 하늘에서 내려왔다. 제우스가 프로메테우스가 한 말의 뜻을 알기 위해 보낸 것이었다.

헤르메스는 프로메테우스에게 위협적인 눈빛을 보내며 제우스의 말을 전했다.

"이 교활하고 입이 거친 도둑놈아, 빙빙 돌려서 얘기하지 말고 똑바로 얘기해라! 누가 제우스님을 왕좌에서 쫓아내고 어떤 '위대한 비밀'이 그를 구할 수 있단 말이냐? 이 세상에서 가장 위대하신 지도자님께서 네게 말하라고 명령하신다.

이 고통받는 죄인아! 비록 네가 불을 훔쳤고 하찮은 인간들의 친구이기는 하지만 한 가지 확실한 게 있다면 네가 미래를 그 어떤 신보다 정확하고 진실되게 바라본다는 것이지."

이 말을 들은 프로메테우스는 오히려 헤르메스를 꾸짖으며 이야기했다.

"너 지금 나한테 겁주려고 거들먹거리며 여기 온 거냐? 하지만 그런 잘난 척은 너 같은 하인에게는 어울리지 않는다는 걸 모르겠냐?

뭔가를 꼭 알아 가야겠다면 이것만은 알려 주지. 제우스가 왕좌에서 밀려날 때가 되면 그의 모든 하인들과 추종자들도 그와 함께 넘어갈 것임을!

태어날 때부터 도둑이었던 네놈이 어찌 감히 나를 도둑

이라고 부를 수가 있느냐! 불이라는 게 훔칠 수 있는 물건인가? 불꽃 하나라도 훔친다는 게 말이 되는가? 제우스는 자기가 원하는 만큼의 불을 가지고 있지 않더냐?

아니라는 듯이 그렇게 멍청하게 서 있구나. 그러면서도 천둥 번개는 자기 혼자서만 차지하고 있지. 당장 네 주인과 함께 있던 곳으로 돌아가거라!"

헤르메스는 귀찮다는 듯이 대답했다.

"알았어, 알았다고. 이제 비밀을 말해 봐. 그 누구도 너처럼 이렇게 제우스님을 조롱하지는 않아. 게다가 내가 왜 네 고집 때문에 고생을 해야 하는가 말이다."

"내 할 말은 다 했으니 어서 썩 꺼져 버려!"

"넌 항상 입이 거칠었지. 그리고 꼭 네 그 건방짐의 대가를 치르게 될 거야!"

프로메테우스도 지지 않고 맞받아쳤다.

"내가 이 고통을 네 그 하찮은 자리와 맞바꿀 거라고 생각한다면 오산이야. 이 바위의 노예가 되는 게 제우스의 가장 충실한 부하로 전락하는 것보다 천 배는 낫지."

"보아하니 제우스님을 증오하는 만큼 나를 증오하는 것

같군."

헤르메스, 프로메테우스를 협박하다

프로메테우스가 말했다.

"난 은혜를 베풀어 주었는데도 오히려 나에게 해를 입히는 모든 이들을 증오한다."

"그래서 이 세상의 왕인 제우스 신이 내린 명령에 저항하는 것인가?"

"내가 저항하는 단 한 가지는 세상에서 일어나는 정의롭지 못한 일들이다."

"무엇이 정의이고 무엇이 부정인지는 신과 인간들을 다스리는 제우스 신이 정할 수 있는 문제야."

프로메테우스는 화를 내며 큰 소리로 외쳤다.

"그렇지 않아! 난 절대로 그런 말을 받아들일 수 없어. 단지 우리에게 편리하다고 해서 부정을 정의로, 맞는 것을 틀린 것으로 그렇게 간단히 모든 것을 바꿔치기할 수는 없지.

사람들이 제우스에게 뭘 어쨌기에 그런 가혹한 처벌을

받아야 하는 거지? 왜 그들의 불을 다시 가져간 건가? 왜 사람들이 전처럼 굶주리기를 원하느냔 말이다? 그리고 왜 사람들을 홍수에 떠밀려 가게 했는가? 그 이유를 내게 말해 줄 수 있나?"

헤르메스는 프로메테우스의 물음에는 답하지 못한 채 이렇게 말했다.

"난 네게 한 가지는 이야기해 줄 수 있지. 제우스 신은 우리의 아버지이고 신들 가운데 가장 강력한 신이시다. 그렇기 때문에 우리가 짓는 모든 죄 가운데서도 가장 큰 죄는 제우스님의 뜻과 명령을 거스르는 것이다."

헤르메스의 이야기를 듣고 난 프로메테우스는 고개를 절레절레 흔들었다.

"아니, 진실을 굳이 알고 싶다면 내가 말해 주지. 가장 큰 죄는 정의롭지 못한 거야. 증오가 아닌 사랑만이 세상을 아름답게 할 수 있지.

넌 사람들이 살아가고 있는 세상이 야만적이고 비문화적인 곳이라고 생각하고 싶을지도 모르지. 하지만 저 초원과 거기에서 평화롭게 풀을 뜯는 양 떼를 봐. 그리고 논

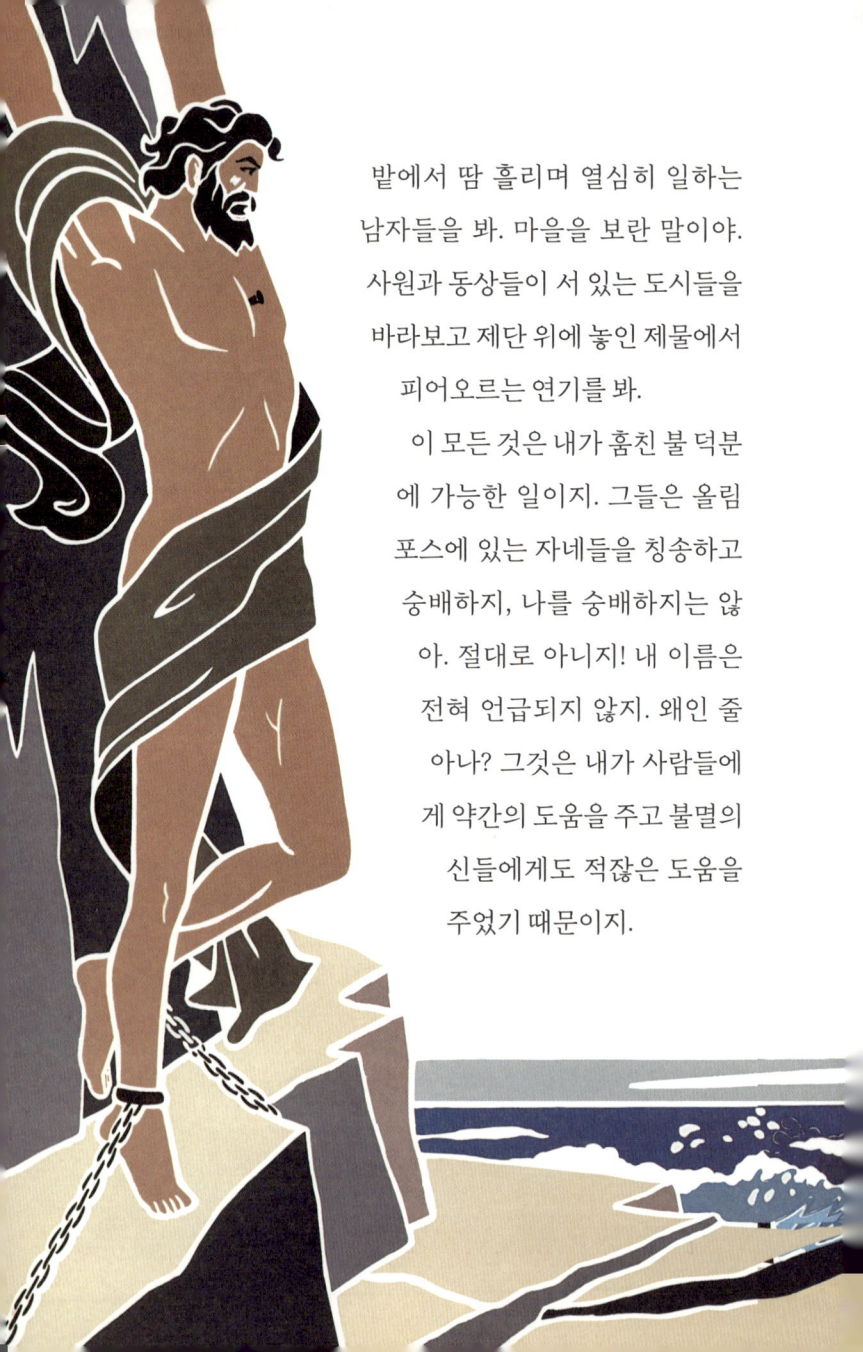

밭에서 땀 흘리며 열심히 일하는 남자들을 봐. 마을을 보란 말이야. 사원과 동상들이 서 있는 도시들을 바라보고 제단 위에 놓인 제물에서 피어오르는 연기를 봐.

이 모든 것은 내가 훔친 불 덕분에 가능한 일이지. 그들은 올림포스에 있는 자네들을 칭송하고 숭배하지, 나를 숭배하지는 않아. 절대로 아니지! 내 이름은 전혀 언급되지 않지. 왜인 줄 아나? 그것은 내가 사람들에게 약간의 도움을 주고 불멸의 신들에게도 적잖은 도움을 주었기 때문이지.

그런데 나는 노력의 대가로 이런 벌을 받았지. 하지만 자네에게 분명히 말하지. 불의는 영원히 지속될 수 없으며 비록 내가 억울하게 벌을 받고 있지만 제우스도 언젠가는 그에게 걸맞은 벌을 받는 날이 꼭 올 거야!"

"네 협박은 충분히 들었다. 이제는 네가 알고 있는 비밀을 말할 차례야. 아는 것을 어서 말해. 제우스님이 어떻게 하면

구원을 받을 수 있지?"

프로메테우스는 쓴웃음을 지으며 말했다.

"내가 만약 제우스에게 구원을 빚졌다면 그에게 알려 주었을 거야. 하지만 빚을 진 건 오히려 제우스지.

그리고 제우스가 해야 할 일이 하나 있는데, 그것은 바로 사람들에게 정의를 선사하는 일이지. 그들에게 폭력을 쓰면 안 되고 정의가 사슬에 매여 고생하게 해서도 안 돼!"

헤르메스는 지친 듯이 이렇게 말했다.

"프로메테우스, 네가 아직 이해 못 하는 것이 한 가지 있다. 제우스님은 절대 바뀔 수가 없어. 만약 네가 알고 있는 비밀을 말하지 않으면 너만 괴로워질 뿐이야."

"나도 절대 바뀔 수가 없어. 그래서 제우스가 불쌍하지!"

그러자 헤르메스가 소리쳤다.

"멍청이! 제발 땅에 발을 딛고 현실을 똑바로 보라고!"

"충분히 땅으로 내려온 것 같은데. 지금 이렇게 너같이 하찮은 제우스의 하인하고 얘기하고 있지 않은가?"

"감히 나한테 그런 식으로 얘기하다니! 나를 마구간 소년 정도로 보는 거야?"

"소년이라고? 만약 나한테서 위대한 비밀을 끄집어낼 수 있다고 생각한다면 넌 갓난아기보다도 생각이 모자라는 놈이지. 제우스가 이 사슬에서 날 풀어 주고, 그가 세상을 사랑으로 지배하는 것을 보여 주기 전까지는 그를 구원할 수 있는 방법을 가르쳐 주지 않을 거야.

제우스가 비비 꼬인 머리로 생각해 낼 수 있는 가장 고통스럽고 악독한 고문을 나한테 가한다 할지라도, 내 영혼을 파멸시킨다 할지라도, 누가 그를 몰아낼 것인지를 알려 주지 않을 테다."

헤르메스가 다그쳤다.

"진정 네가 이렇게 행동함으로써 얻는 게 있다고 생각하는 건가?"

이 말을 들은 프로메테우스가 비아냥거리며 말했다.

"아참, 너는 상인들의 수호자였지. 과연 상인들의 수호자답게 얘기하는군. 난 나만의 이익을 좇아서 살아가지는 않아. 오직 한 가지만이 나를 움직일 수 있어. 그것은 정의가 실현되어야 하며 불의는 추방되어야 한다는 것이다."

제우스의 결정

"넌 진정 반항아이고 제우스 신에게 서슴지 않고 얘기하는구나. 너는 제우스님의 법칙을 받아들이지 않았다.

하지만 이제 제우스님이 어떻게 결정했는지 들리는구나. 이제 네가 간직하고 있는 비밀은 지켜라. 앞으로 있을 일들은 지금까지의 네 고통을 장난처럼 보이게 할 테니까.

지금 네가 못 박혀 있는 바위를 천둥과 번개로 두 동강이 내 버릴 것이다. 그리고 동시에 대지가 열리면서 너는 잉크처럼 새까만 타르타로스의 나락으로 떨어져 버릴 것이다.

오랜 세월이 지난 뒤 너는 네가 지은 죄에 대한 가장 큰 벌을 받기 위해 이 세상의 빛을 다시 보게 될 것이다. 독수리가 매일 내려와서 네 살을 날카로운 부리로 찢고 간을 파먹을 것이다. 밤에는 네 상처가 다 낫겠지.

하지만 다음 날이면 독수리가 다시 날아와서 전날과 같이 네 살을 쪼을 것이다. 이 고문은 영원토록 계속될 것이며 네 고통은 하루도 쉬지 않고 이어질 것이다.

제우스님은 절대로 허풍을 떠는 분이 아니니 지금이라도 생각을 바꾸는 게 좋을 거야. 지금 제우스님은 천둥 번개를 내리칠 준비가 다 되셨어.

  내가 마지막으로 충고하는데, 지금은 신중하고 좀 더 지혜로운 모습을 보일 때야."

  헤르메스가 말을 끝날 때쯤, 오케아니스들의 눈에는 눈물이 가득 고여 있었다.

  하늘은 검은 구름으로 가득 차 있었다. 오케아니스들은 겁에 질려 주위를 두리번거렸다.

  프로메테우스가 이제까지 겪은 것보다 더 끔찍한 고문이 기다리고 있었던 것이다!

  오케아니스들은 프로메테우스 앞에 무릎을 꿇고 헤르메스의 충고를 받아들여 제우스의 뜻에 따를 것을 간절히 청했다.

  "생각은 바뀔 수도 있답니다. 지혜로운 자에게 창피한 것은 자신이 틀렸다는 것을 알면서도 고집을 부리는 것이랍니다."

프로메테우스, 타르타로스의 나락으로 떨어지다

프로메테우스는 그들의 간청을 못 들은 척했다.

"헤르메스가 가르쳐 준 것 중에 내가 모르는 것은 하나도 없습니다. 난 오래전부터 내게 닥칠 모든 고문을 이미 알고 있었습니다."

그리고 그는 웅장한 목소리로 외쳤다.

"제우스, 어서 시작하시지! 너의 천둥과 번개가 나를 내리쳐서 이 세상이 온통 흔들리도록 말야. 바람이 파도를 사납게 만들고 폭풍이 모든 창조물을 엉망으로 만들도록 해 보시지!

태양과 별의 궤도를 바꾸고 내 몸을 저 새까만 타르타로스로 던져 보란 말이다.

하지만 한 가지는 꼭 알아 둬! 내 결심은 절대로 흔들리지 않을 거야!"

헤르메스는 생각에 잠겨 혼자 이렇게 말했다.

"정말 이상하군. 난 그에게서 이런 대답을 듣게 될 줄은 정말 몰랐는데."

그러고 나서 헤르메스는 고개를 들어 소리쳤다.

"도대체 네 관심사가 어디에 있는지도 모를 만큼 정신이 나가 버린 거냐?

그리고 프로메테우스를 불쌍히 여기는 오케아노스의 딸들이여, 그대들을 위해서 이야기하노니 조심하라. 어서 빨리 이 자리를 떠나는 게 그대들에게 좋을 것이다. 제우스님의 천둥소리만으로도 우리 모두는 정신을 잃어버릴 테니까 말이다!"

오케아니스들은 슬픔을 감추지 못하고 헤르메스에게 물었다.

"우리를 위로해 줄 말은 하나도 없나요? 물론 없겠지요. 아니, 우리 때문에 말을 낭비하지는 마세요. 우리는 배신자의 모습을 증오하도록 배웠답니다!"

헤르메스가 말한 대로 끔찍한 결과는 곧 나타났다.

하늘은 어두워졌고 온 천지에 우르릉 쾅쾅대는 천둥의 울림 소리가 메아리쳤다.

번개는 불붙은 뱀처럼 하늘을 갈랐다. 바람들은 하나의 거대한 기둥이 되어 돌았고, 제우스는 고집스러운 프로메테우스를 향해 벼락을 던졌다.

그와 함께 대지는 반으로 갈라졌고 바위에 못 박힌 프로메테우스는 타르타로스의 깜깜한 나락으로 곤두박질 쳐 내려갔다.

오케아니스들은 두려움과 절망에 비명을 지르며 도망갔다.

헤르메스는 높은 바위 꼭대기 뒤에 몰래 숨어서 모든 것을 지켜보았다.

 헤르메스는 겁이 나기도 했지만 여러 가지 생각으로 마음이 무거웠다.
 프로메테우스를 증오하기는 했지만 그를 향한 존경심마저 감출 수는 없었다.

헤르메스는 혼잣말로 중얼거렸다.

"저런 신이 이런 운명을 겪어서는 안 되는데……. 타르타로스의 깊은 나락으로 빠졌다가 내일이면 다시 카프카스 산꼭대기로 올라와서 매일매일 제우스의 독수리에게 살이 찢어지는 고통을 당해야만 하다니.

그리고 이 끔찍한 고문이 영원히 계속되어야 한다니. 누군가가 그를 돕고 싶어 한들 어떻게 도울 수 있단 말인가? 과연 누가 하늘의 사슬을 끊을 수 있단 말인가?"

헤르메스는 먼 훗날 헤라클레스라는 영웅이 태어나서 프로메테우스가 묶여 있는 끊어지지 않는 쇠사슬을 부숴뜨리게 될 것임을 꿈에도 상상하지 못했다.

수많은 세월이 흐르는 동안 프로메테우스는 땅속 깊숙이 타르타로스의 칠흑 같은 어둠 속에 홀로 묻혀 있었다.

아직도 가슴에 못이 박힌 채 바위에 묶여 있었기 때문에 그는 단 한순간도 고통에서 헤어날 수 없었다. 그리고 잠시라도 고통을 잊을 수 있는 잠도 청할 수가 없었다.

마침내 프로메테우스가 다시 땅 위로 올라올 때가 되자, 땅속 깊은 곳에 있는 지하 세계마저도 흔들리게 할 만한 끔찍한 지진이 일어났다.

프로메테우스가 묶여 있는 바위가 다시 한번 공중으로 튀어 오르더니 전에 있었던 카프카스산맥의 꼭대기에 천둥소리와 함께 박혔다.

카프카스산맥으로 돌아오다

눈을 찌르는 듯한 빛 때문에 오랫동안 암흑 속에서 햇빛을 보지 못한 프로메테우스는 처음에는 아무것도 보이지 않았다.

프로메테우스가 간신히 눈을 다시 떴을 때, 그의 앞에는 야만적이고 위협적인 제우스의 하인인 비아가 서 있었다.

비아는 으르렁거리며 자신이 듣고자 하는 대답을 다그쳤다.

"어서 말해! 이 세계의 지도자이신 제우스님을 구할 비밀을 어서 말하란 말야! 이제 제우스님이 얼마나 위대한 힘을 지니셨는지 똑똑히 느꼈겠지. 이젠 너도 그의 의지를 꺾을 수 없다는 것을 깨달았을 것 아냐!"

하지만 프로메테우스는 침묵을 지켰다.

그는 비아를 보고 있는 것만으로도 참을 수 없는 혐오감이 부글부글 끓어올라서 고개를 돌렸다.

비아는 드디어 고함을 지르기 시작했다.

"내가 말하는 게 안 들려? 질문을 했으면 대답을 해야 할 게 아니야!"

프로메테우스는 비아의 말에 대답하지 않고 혼자 생각했다.

'이 역겨운 하인이 내 앞에 서 있지 않으면 얼마나 좋을까? 이놈에게 시달림을 당하기보다는 바로 독수리가 내 살을 찢기 시작하는 게 천 배는 나을 거야.'

비아는 계속해서 프로메테우스를 협박했다.

"이봐, 프로메테우스, 만약 제우스님의 명을 받들지 않았다가는 곧 독수리가 나타날 거야. 네 결정에 달렸다고."

어떤 위협에도 흔들리지 않는 프로메테우스가 성난 목소리로 말했다.

"만약 제우스에게 너 따위 하인이 필요할 정도라면 난 차라리 이 바위에 매달려 있겠다. 어디 그놈의 새가 와서 내 간을 먹으려면 먹으라고 해, 절대로 굴복하지 않을 테니까! 그리고 넌 어서 내 앞에서 꺼져 버려!"

갑작스러운 프로메테우스의 분노에 비아는 잔뜩 겁을 먹고 올림포스로 도망가 버렸다.

세상에서 가장 끔찍한 고문

바로 그때 독수리가 프로메테우스 앞에 나타났다. 고리같이 생긴 부리와 갈고리발톱을 가진 커다란 맹수였다.

독수리는 바위에 묶여 있는 프로메테우스에게 번개같이 날아들어서는 자신이 맡은 일을 시작했다. 그의 살을

뜯고 간을 쪼았다.

프로메테우스는 고통을 참으려고 이를 꽉 깨물었다. 그는 그 끔찍한 공격을 소리 없이 받아 냈다.

독수리가 날아간 다음에도 프로메테우스의 옆구리에 생긴 깊고 커다란 상처는 하루 종일 그를 괴롭혔다.

저녁이 되어서야 상처가 아물고 프로메테우스의 간은 다시 자라날 수 있었다.

물론 이것은 그가 겪는 고통을 덜어 주기 위해서가 아니라 그다음 날 새롭게 이 끔찍한 고통을 당하게 하려는 것이었다.

1년이 가고 2년이 가고 그렇게 한 세기가 가는 동안 인류의 위대한 후원자 프로메테우스는 사슬에 묶인 채, 바위에 똑바로 못 박혀 있었다.

하지만 프로메테우스는 심한 고통 속에서도 희망을 잃지 않고 자신의 믿음이 이루어질 날을 기다리고 있었다.

오케아노스의 딸들은 종종 그의 고통을 달래 주기 위해 찾아왔다. 프로메테우스를 향한 그들의 존경심은 끝도 없이 날로 자라났다.

그들은 프로메테우스가 모진 고통을 견디는 것을 보고 감탄하며 말했다.

"두려움을 모르는 프로메테우스여, 그대는 어떻게 이 끝날 줄 모르는 고통을 참으시나요? 우리는 제대로 쳐다보지도 못하겠습니다."

실제로 오케아니스들은 흉악한 독수리가 날갯짓하는 소리만 들려도 절망스러운 외마디 비명을 지르며 도망가곤 했다.

세월이 계속 흘렀지만 오케아니스들은 결코 프로메테우스를 잊지 않았으며 그와 고통을 나누며 함께하려고 했다.

오케아니스들은 종종 프로메테우스에게 사람들이 어떻게 살아가는지에 대해 얘기해 주었다.

사람들이 겪는 문제들, 그들의 희망, 슬픔 그리고 기쁨에 대해서 얘기해 주었다.

바위에 묶인 프로메테우스는 오케아니스들의 이런 얘기를 귀 기울여 들었다.

하지만 자신이 더 이상 그들에게 도움이 될 수 없다는

사실에 가슴이 아파 왔다.

그렇지만 오케아니스들이 전한 사람들의 이야기 가운데 그를 위로하는 소식도 있었다.

"프로메테우스여, 사람들은 아주 조금씩 발전하고 있답니다. 그들은 당신이 가르쳐 준 학문과 예술을 바탕으로 기술을 익히고 있습니다. 그리고 그대의 선물이었던 불을 아주 유용하게 쓰고 있답니다. 그들의 삶은 날이 갈수록 나아지고 있답니다."

세월이 흐르면서, 오케아니스들은 그에게 이보다 더 기쁜 소식도 가져왔다.

그들은 다음과 같은 소식을 전했다.

"프로메테우스여, 세월은 정말 많은 아픔을 치유한답니다. 세상의 많은 것들이 바뀌었고 올림포스도 예외는 아니랍니다. 시간이 지나면서 제우스는 인간 가운데 새롭게 나타난 세대를 사랑하게 되었답니다.

신들은 그들을 '영웅의 족속'이라고 부릅니다. 아테나가 데메테르와 헤파이스토스 등 다른 신들의 도움을 받아 사람들에게 도움을 주고 있답니다. 사람들이 그 대가로 신들을 칭송하자 제우스도 기뻐하죠.

신들은 종종 사람들과 함께 살기도 합니다. 그들과 함께 먹고 마시고, 기쁨을 나누고 운명의 냉정함 앞에서 함께 울기도 한답니다. 전쟁 때는 사람들 옆에서 그들을 지켜 주고 평온한 시기에도 절대로 멀리 떠나지 않습니다.

신들은 종종 사람들과 사랑에 빠지고 그렇게 해서 반신들이 태어납니다. 그리고 반신들은 지배자가 되거나 영웅이 되어 인류에게 새로운 빛을 선사하지요."

오케아니스들은 이 이야기를 프로메테우스에게 전하면서 그의 눈을 똑바로 쳐다보고 있었다.

그리고 그들은 바위에 묶인 뒤 한 번도 변화가 없었던 프로메테우스의 얼굴이 밝아지는 것을 보았다.

프로메테우스는 기뻐하며 말했다.

"제우스에게 나쁜 감정은 없어요. 난 언제나 한 가지를 원하고 있었죠. 그것은 신들이 사람들을 도와 그들의 삶이 비참해지지 않도록 하는 것이었어요.

난 오늘에야 사람들을 도왔다는 이유로 나를 적으로 만들어 버린 제우스를 위해 기뻐합니다. 왜냐하면 그가 이제 인류의 친구가 되었으니까요."

오케아니스들도 기뻐하며 대답했다.

"정말 지혜로우십니다, 비운의 프로메테우스여. 그런 끔찍한 고문이 몸을 불태우는 동안에도 그대의 정신은 병들지 않았군요. 그대의 생각은 여전히 순수하며 그대의 마음은 언제나처럼 고귀하군요."

프로메테우스가 그들의 칭찬에 감사하며 대답했다.

"내 말을 들어 보세요, 내 위대한 친구의 딸들이여. 눈멀고 메마른 고집은 논리의 가장 큰 적입니다. 아무리 뻣뻣한 영혼이라 할지라도 친절하고 따뜻한 마음 앞에서는 고개를 숙인답니다.

제우스는 인류에게와 마찬가지로 내게 못할 짓을 많이 했습니다. 하지만 이제 사람들에게 잘 대해 주기로 마음먹었다니 그에게 더 이상 나쁜 감정을 품고 싶지 않습니다.

어쩌면 내가 제우스에게 그를 구원할 수 있는 비밀을 말해 줄 날이 온 것도 같습니다."

구원자가 나타나다

오케아니스들은 프로메테우스의 따뜻한 마음과 훌륭한 생각에 감동하며 말했다.

"당신의 지혜로운 결정은 우리에게 기쁨과 새로운 용기를 줍니다. 그리고 우리의 자라나는 희망은 당신의 말 속에 담긴 따뜻함과 지혜로움에 점점 더 강해집니다.

이제는 뭔가가 우리에게 그대의 이 끔찍한 고문도 끝날 날이 멀지 않았다는 것을 알려 주기라도 하는 것 같군요. 우리가 그것을 이렇게 확신하고 있으니까요.

위대한 헤라클레스가 그대 앞에 나타나서 아무도 끊을 수 없었던 이 사슬을 깨뜨려 줄 날이 다가오고 있습니다."

프로메테우스가 대답했다.

"그대들의 예감이 틀리지 않았어요. 나도 그 기운을 느낄 수 있습니다. 네, 헤라클레스가 가까이 왔어요. 내가 수 세기 동안 기다려 온 그 영웅이 말입니다."

이 말을 들은 오케아니스들은 기쁨을 감출 길이 없었다. 그들은 서로 껴안고 춤추며 깡충깡충 뛰어다녔다.

오케아니스들은 근처 바위들 쪽으로 달려가, 그 위에

올라가서 소리치기 시작했다.

"헤라클레스! 헤라클레스! 헤라클레스!"

그러고 난 뒤 얼마 안 되어서 멀리 다른 봉우리에 진짜로 사람 그림자가 보였다.

"헤라클레스!"

오케아니스들은 다시 한번 함께 외쳤다.

"지금 갑니다!"

　멀리서 아주 작게 영웅의 목소리가 들려왔다.

　말로 표현할 수 없는 기쁨의 순간이었다. 오케아니스들은 서로 껴안고 가벼운 입맞춤을 했다.

　어떤 이들은 다가오는 영웅에게, 또 어떤 이들은 프로메테우스에게 이 기쁜 소식을 알리기 위해 달려갔다.

　헤라클레스는 오케아니스들이 왜 자기를 부르는지 알지 못했지만 도움이 필요하다는 것을 느꼈기 때문에 서둘러 그들이 있는 곳으로 갔다.

그는 거인과도 같은 빠른 걸음걸이로 뾰족한 바위들을 넘어서 언덕과 계곡을 지나 계속 자신을 필요로 하는 곳으로 나아갔다.

헤라클레스는 언제나 위험에 빠진 이들을 도울 준비가 되어 있었다. 그는 자신의 인생을 이 목적을 위해 바치고 있었다. 그랬기 때문에 미케네의 겁쟁이 왕인 에우리스테우스의 노예로 들어가기를 주저하지 않았던 것이다.

미케네의 왕은 그에게 열두 가지의 불가능한 임무를 맡김으로써 헤라클레스를 모욕감에 떨게 하고 심지어 그를 없앨 수 있을 거라고 생각했다.

하지만 헤라클레스는 모든 임무를 훌륭하게 마쳤고 그 외의 많은 일들까지 해냈다.

이는 헤라클레스가 열두 가지 임무를 해결해 가는 모험을 통해서 그가 사람들을 돕고 있는 것임을 깨달았기 때문에 가능했다.

헤라클레스는 세상의 위험한 짐승들을 없앴으며 나쁜 행동을 하는 자들과 싸우고 야만적인 장수들을 물리쳤다.

또한 먼 지역으로 갈 수 있는 새 길들을 열었으며 바다를 끝없는 대양과 연결시켰다.

헤라클레스는 지구를 어깨에 짊어지기도 했으며 카론과 씨름을 해서 이기기도 했다.

그는 거인들과도 싸웠으며 황금 배를 타고 태양과 함께 항해를 하기도 했다.

심지어 하데스가 다스리는 지하 세계에 내려갔다가 길을 찾아 다시 나오기도 했다.

이는 그 어떤 사람도 가 본 적이 없는 길이었다.

헤라클레스, 독수리를 죽이다

그리고 이제 헤라클레스는 카프카스산맥에 도착한 것이다.

그가 가장 도전적이고 고귀한 업적을 이룰 때가 되었기 때문이었다. 다시 말해 인류의 위대한 친구인 프로메테우스를 기나긴 구속에서 풀어 주기 위해 온 것이었다.

드디어 헤라클레스는 프로메테우스를 정면으로 내려다볼 수 있는 옆의 바위까지 오게 되었다.

　헤라클레스는 며칠 동안 산속을 방황했다. 그는 아르고 선의 영웅 가운데 한 명이었지만 아르고선이 정박했던 어느 숲속에서 그만 길을 잃어버렸던 것이다.

　헤라클레스는 사슬에 묶이고 가슴에 못을 박고 있는 프로메테우스를 보는 순간, 왜 자신이 길을 잃어야 했고 이 황량하고 외로운 들판까지 오게 되었는지 이해할 수 있었다.

　헤라클레스의 앞에는 가장 끔찍한 고문을 당해 온 프로메테우스가 있었던 것이다. 헤라클레스는 억울하게 벌을 받고 있는 프로메테우스가 너무나 불쌍했다. 하지만 이제 그의 끔찍한 고통은 여기서 멈출 것이었다.

　헤라클레스는 서 있던 바위에서 뛰어내려 프로메테우스에게로 달려갔다.

　마침내 헤라클레스는 프로메테우스 앞에 서게 되었다. 그는 무슨 말로 프로메테우스를 향한 안타까움과 또한 굽힐 줄 모르는 의지를 지닌 그에게 존경심을 표현해야 할

지 몰랐다.

 갑자기 소름 끼치는 날카로운 소리가 울려 퍼졌다.

 오케아니스들은 놀라서 얼굴을 가렸다. 헤라클레스는 하늘에 높이 떠 있는 독수리를 보았다.

 프로메테우스의 간을 파먹기 위해 독수리가 오는, 바로 그 시간이었다.

 헤라클레스는 한순간도 지체하지 않았다. 그는 화살통에서 화살을 꺼내 활시위를 있는 힘껏 당기고는 독수리를 향해 쏘았다.

화살이 활을 떠나는 동시에 커다란 진동을 일으켰다. 화살은 커다란 바람 소리를 내며 하늘을 뚫고 올랐다.

잠시 뒤, 독수리는 날개를 허우적대며 무거운 몸에 짓눌려 아래로 떨어지고 있었다.

독수리는 눈 깜짝할 사이에 거품이 이는 바다로 곤두박질쳐서 이내 사라져 버렸다.

오케아니스들은 독수리가 떨어지는 것을 보고 탄성을 질렀다.

바로 그 순간 제우스의 명령을 받고 하늘에서 헤르메스가 나타났다. 프로메테우스는 날개 달린 발 빠른 신이 왜 왔는지 금세 알아차렸다.

"이번에는 나를 설득하려고 애쓸 필요가 없네. 제우스가 위대한 비밀에 대해서 알아야 할 때가 왔어. 그리고 보시다시피 내가 자유로워질 때도 온 것이지.

내가 오랜 세월 동안 끊임없이 기다려 온 영웅 헤라클레스가 여기 있네. 오직 그만이 나를 묶고 있는 단단한 사슬을 끊을 수 있지. 그 외에는 그 어떤 신이나 사람도 나를 풀어 줄 수 없지."

하지만 헤르메스에게는 아직 풀리지 않는 의문이 있었다.

"하지만 당신이 바위에 영원토록 묶여 있어야 한다는 것은 제우스님의 명령이 아니었던가요? 내가 그대를 불쌍히 여기기는 하지만 어떻게 제우스님의 명령을 이렇게 무시할 수가 있지요?

제우스님 스스로가 원한다고 해도 불가능하다는 것은 우리 모두가 아는 일 아닌가요?"

프로메테우스는 엷은 미소를 지으며 대답했다.

"그런 쓸데없는 생각으로 골머리를 썩지 말게나. 제우스의 의지를 거스르지 않고도 내가 자유로워질 수 있는 방법을 찾을 테니까 말이네.

이제 내가 밝히는 위대한 비밀을 잘 듣고 자네 주인에게 전하게. 제우스는 바다의 위대한 마법사인 네레우스의 딸, 테티스와 결혼해서는 안 되네.

운명의 여신들인 모이라이가 쓴 두루마리에는 테티스가 제우스보다 더 막강한 아들을 낳을 거라고 적혀 있다네. 그리고 바로 그 아들이 제우스를 왕좌에서 밀어뜨릴 것이지!"

프로메테우스의 말이 끝나기가 무섭게 헤르메스는 이 경고를 가지고 올림포스로 달려가고 있었다.

헤라클레스, 끊을 수 없는 구속을 깨부수다

헤르메스가 떠나자마자 헤라클레스가 앞으로 나와서 말했다.

"드디어 제가 하고 싶었던 일을 할 수 있게 되었습니다. 그 누구도 나한테 인류의 위대한 친구인 그대가 영원히 여기 있어야 한다고 말해 준 적은 없었으니까요."

헤라클레스는 말을 마치자마자 거대한 방망이를 들어 사슬을 향해 내리치기 시작했다.

어찌나 세게 쳤던지 온 바위가 흔들리기 시작했다. 사슬을 끊기란 무척 어려운 일이었다.

하늘의 사슬은 헤라클레스의 어마어마한 힘에도 꼼짝하지 않았기 때문이다.

매번 내리칠 때마다 그 힘은 두 배씩 강해졌다.

헤라클레스가 사슬을 공격하는 동안 눈앞을 가리는 불꽃이 계곡을 가득 채웠다.

헤라클레스의 주위에는 벼락 소나기가 떨어지는 것 같았다.

온 자연이 떨었고 황량한 카프카스에는 온통 헤라클레스의 방망이 소리로 메아리쳤다.

얼마 안 있어서 그 '끊을 수 없는' 사슬은 산산조각이 났다.

사슬들이 풀어지자마자 헤라클레스는 프로메테우스의 가슴에 박혀 있는 못을 빼냈다.

프로메테우스는 신선한 공기를 들이마셨다. 드디어 자유로워진 그는 헤라클레스의 튼튼한 팔에 안겼다.

그들은 기뻐하며 서로 껴안았다. 오케아니스들은 너무 기뻐서 울고 있었다.

마침내 프로메테우스가 입을 열었다.

"무슨 말로 어떻게 감사해야 할지 모르겠소, 위대한 영웅이여. 그대는 내게 자유를 되찾아 주었소. 그 어떤 말로도 나의 고마운 마음을 표현할 수는 없을 거요."

헤라클레스가 쑥스러운 듯이 대답했다.

"전 감사한 마음을 받는 법을 배우지 못했답니다. 그리고 인류의 가장 위대한 친구인 그대에게 자유를 주는 일을 할 사람으로 정해진 것만으로도 너무나 기쁩니다.

사람들은 저를 영웅이라고 부르지요. 어쩌면 그들의 말이 맞을 것입니다. 나는 어려운 일들을 아주 많이 해냈고 그것들 때문에 길이 기억될지도 모르니까요.

그러나 그 모든 일들 가운데에서도 이 일이 가장 힘들었습니다.

왜냐하면 당신을 옭아매고 있는 사슬들은 정말로 끊을 수 없는 사슬들이었으니까요.

하지만 이 일과 제가 여태껏 이뤄 놓은 모든 업적을 다 합친다 해도 그대의 업적에는 비할 수가 없을 것입니다.

왜냐하면 그대가 하신 일은 제 몸과 의지보다 천 배는 더 강력한 힘이 필요한 일이기 때문입니다. 그리고 그런 강력한 힘은 그 누구에게도 없답니다."

프로메테우스가 확신에 찬 목소리로 대답했다.

"헤라클레스, 내 말을 듣게나. 그리고 온 세상이 내 말을 기억하기 바라네. 우리 모두가 심지어는 가장 약한 존재라도 불의와 맞닥뜨리게 되면 싸워 이기는 데 필요한 힘이 솟아나게 된다네. 이 세상을 어지럽히는 불의가 크면 클수록 그것과 싸울 힘도 커지는 법이네."

이 말과 함께 프로메테우스는 입을 다물었다. 드디어 그가 쉴 때가 된 것이었다.

이렇게 하여 헤라클레스로 인해 세상에 알려진 가장 무시무시한 시련이 막을 내렸다.

제우스와 프로메테우스는 화해를 했고 신들 사이에는 다시 평화가 찾아왔다.

프로메테우스의 예언에 따라 제우스는 테티스를 부인으로 맞지 않았다.

비록 네레우스의 아름다운 딸이 불멸이기는 했지만 올림포스의 신들은 인간인 프티아의 왕, 펠레우스와 그녀를 결혼시켰다.

그리고 프로메테우스가 예견했듯이, 테티스는 아버지보다 훨씬 막강한 아들을 낳았다.

그 아들이 바로 그리스에서 가장 위대한 전쟁 군주인

아킬레우스였다.

제우스의 의지가 받들어지다

하지만 헤르메스에게는 머릿속을 떠나지 않는 의문이 하나 있었다.

'어째서 제우스의 결정이 받들어지지 않은 것일까?'

헤르메스는 자신에게 물었다.

그리고 머지않아 그 질문에 대한 답을 얻을 수 있었다.

제우스는 헤파이스토스에게 반지를 하나 만들라고 명령했다. 그리고 반지를 만들 때 프로메테우스가 사슬에 매달려 있던 바위에서 돌을 가져와 장식하게 했다.

반지가 완성되자 제우스는 이 굽힐 줄 모르는 티탄 프로메테우스에게 그 반지를 선물했다.

프로메테우스는 제우스의 마음을 받아들인다는 뜻으로 계속해서 그 반지를 끼었다.

이렇게 해서 제우스의 명령이 영원토록 지켜질 수 있었다.

제우스는 "프로메테우스는 영원토록 이 바위의 구속을

받으리라."고 이야기했고 이로써 그의 명령이 지켜진 것이다!

제1권 키워드 **권력**
    제우스 헤라 아프로디테

제2권 키워드 **창의성**
    아폴론 헤르메스 데메테르 아르테미스

제3권 키워드 **갈등**
    헤파이스토스 아테나 포세이돈 헤스티아

제4권 키워드 **호기심**
    인간의 다섯 시대 프로메테우스 대홍수

제5권 키워드 **놀이**
    디오니소스 오르페우스 에우리디케

제6권 키워드 **탐험**
    다이달로스 이카로스 탄탈로스 에우로페

제7권 키워드 **성장**
    헤라클레스

제8권 키워드 **미궁**
    페르세우스 페가소스 테세우스 펠레우스

제9권 키워드 **용기**
    이아손 아르고스 코르키스 황금 양털

제10권 키워드 **반전**
    전쟁 일리아드 호메로스 트로이

제11권 키워드 **우정**
    오디세우스

제12권 키워드 **독립**
    오이디푸스 안티고네 에피고오니

정재승이 추천하는
뇌과학으로 신화 읽기 《그리스 · 로마 신화》